JOSEPH ET CAROLINE MESSINGER

Psychologue de formation, **Joseph Messinger** (1945-2012), était un spécialiste de la symbolique gestuelle. Il a publié de nombreux ouvrages sur le sujet, notamment *Le Sens caché de vos gestes* (Éditions First, 2002), *Ces gestes qui vous séduisent* (Éditions First, 2004), *Ces gestes qui manipulent, ces mots qui influencent* (Éditions First, 2006) et *Ces gestes qui vous trahissent* (Éditions First, 6e édition, 2013), un best-seller vendu à plus de 200 000 exemplaires.

Caroline Messinger est écrivain. Spécialiste de l'analyse verbale, elle est l'auteur de plusieurs livres sur la pollution du langage. Elle a coécrit de nombreux ouvrages avec son mari.

**Retrouvez les auteurs, leurs ouvrages
et leurs tests sur :
http://www.joseph-messinger.fr/**

D1393165

ÉVOLUTION
Des livres pour vous faciliter la vie !

Caroline et Joseph MESSINGER
Les Gestes de la confiance en soi
Maîtrise de soi, estime de soi, confiance en soi

Esther PEREL
L'Intelligence érotique
Faire (re)vivre le désir dans le couple

Richard David PRECHT
Vivre ensemble pour changer le monde
L'Art de ne pas être égoïste

Jacques SALOMÉ
À qui ferais-je de la peine si j'étais moi-même ?
Comment renoncer à nos autosaboteurs

Brenda SHOSHANNA
Vivre sans peur
Sept principes pour oser être soi

Nitya VARNES
Tous nés sous une bonne étoile
L'astrologie, une voie nouvelle du développement personnel

Jean-Claude GUILLEBAUD
Une autre vie est possible
Comment retrouver l'espérance

Robert NEUBURGER
Première séance
20 raisons d'entreprendre (ou non) une psychothérapie

Patricia SPADARO
Se respecter
Prendre soin de soi pour s'ouvrir à autrui

Marina Castañeda
Comprendre l'homosexualité

Les Gestes de la confiance en soi

DU MÊME AUTEUR
CHEZ POCKET

Joseph et Caroline Messinger

Les Gestes
de la confiance en soi

Maîtrise de soi, Estime de soi, Confiance en soi

Éditions First

© Éditions First-Grund, 2011

ISBN 978-2-266-22235-8

À tous nos lecteurs qui ont suivi notre aventure depuis le premier opus sur la gestuelle en 1993 – Ces gestes qui vous trahissent (First) – et qui vit sa 5e réincarnation. Caroline y était déjà associée en observatrice de génie.

La bonne grandeur pour un homme, ce n'est pas quand ses pieds touchent par terre, comme disait Coluche, c'est quand sa foi en lui grimpe tellement haut qu'aucun doute ne peut ébranler ses convictions.

Sommaire

Avertissement

Ce livre est une méthode de reconstruction de soi bien utile en ces temps de crise socio-économique et de nuages noirs qui s'amoncellent sur notre devenir. Il contient une boîte à outils indispensable pour combattre la morosité ambiante et la déprime internationale qui ne fait que s'annoncer, des outils psychotoniques à maîtriser et qui peuvent être reproduits dans diverses situations d'exception ou d'examen. La gestuelle n'est plus théorisée mais devient le bouclier social et l'arme fatale de ceux qui voudront se servir de la PNG (dite aussi Programmation neuro-gestuelle).

La PNG est une discipline de vie !

La Programmation neuro-gestuelle est une méthode et une discipline de développement personnel énergétique inspirée du mariage de plusieurs ingrédients. Son objectif consiste à produire en permanence le plus de carburant énergétique possible car il n'est évident pour personne de positiver ses conduites, de prendre le temps d'agir, d'atteindre ses buts quotidiens quand on est assailli de toutes parts par ce que je nomme les agents S.A.D.E. (pour stress, anxiété, dépression et échec) et incapable de s'en protéger. La PNG se fonde sur trois éléments moteurs :

1. Le conditionnement pavlovien de nouveaux automatismes par l'usage de la catalepsie auto-hypnotique

2. L'analyse gestuelle et posturale

3. Les fables de programmation qui vont entraîner des réactions idéomotrices.

Qu'est-ce qu'une réaction idéomotrice ?

Quand vous tremblez de froid suite à une brusque montée de votre température corporelle ; quand vous éternuez douze fois de suite sans raison apparente, il n'y a pas de courant d'air ; quand vous baillez d'ennui ; quand vous êtes effrayé et que vos poils se hérissent ; quand vos pensées parasites provoquent des gaz en série, etc. Tous ces exemples de manifestations corporelles organiques ou périphériques sont des réactions idéomotrices incontrôlées parfaitement naturelles auxquelles nous sommes tous habitués. En PNG, il s'agit bien entendu de produire des réactions idéomotrices contrôlées.

Le code d'accès à un autre monde

Dans une large majorité de cas, la PNG permet d'évacuer, de manière très concrète, les blocages, les refus ou certains troubles comportementaux (phobies, angoisses irrationnelles, trac des situations d'examen, dysmnésies, etc.), de stimuler la motivation, de nettoyer les pensées parasites et anxiogènes qui fragilisent l'organisation mentale et intellectuelle. Elle agit comme une sorte de clef universelle pour atteindre le résultat espéré. Concrètement, cela signifie que la déprogrammation est objective, donc visible à l'extérieur de la conscience, car elle s'exprime au départ d'un verrou oculaire. Pour mémoire, il s'agit d'une fermeture programmée des paupières qui débouche sur un état d'hyperesthésie, c'est-à-dire d'une sensibilité accrue à l'écoute du corps mais aussi à la suggestion interne ou externe.

Cette augmentation de la sensibilité est propice à ce qu'on nomme une catharsis, une évacuation progressive de la racine d'un trouble ou d'un mal-être. Je précise que le sujet est parfaitement conscient de ce phénomène et il peut l'interrompre à tout moment, contrairement à un état d'hypnose traditionnelle où il est soumis à la domination de l'hypnotiseur et en dépend totalement.

Pratiquer la PNG chez soi

La méthode est autogène. Ce qui signifie que, comme toutes les techniques de relaxation, de revalorisation de l'image de soi, etc., elle peut être appliquée de manière autonome après un stage en ligne sur l'École des gestes ou d'un atelier collectif *in vivo*.

Son champ d'application est vaste, mais ses options privilégiées s'adressent, en particulier, à tous ceux qui refusent le fatalisme de l'échec et acceptent de se remettre en question. Les effets qu'elle génère pourraient vous paraître exagérés. Vous aurez l'occasion de constater, si vous vous confrontez à la pratique, que la réalité, une fois encore, dépasse la fiction de plusieurs coudées.

La philosophie de la PNG

Les pouvoirs de l'ensemble corps-esprit sont énergétiques. La plupart du temps, on l'ignore quand tout va bien, on l'admire quand il est beau, on le dissimule quand il déplaît et on ne s'y intéresse vraiment que quand il devient un lieu de souffrance. Cependant, le corps n'est pas qu'un volume vivant et stupide. Ses organes possèdent leurs consciences propres et le corps, son propre langage, à l'instar de l'esprit, comme nous l'avons déjà vu.

Cette vision de votre corps vous paraîtra peut-être métaphysique, et pourtant, cet animal debout est loin d'être l'esclave obéissant de votre volonté consciente. Bien sûr, *ses petits cerveaux* ne sont pas aussi évolués que votre matière grise ou néocortex, mais l'expérience globale de ceux-ci repose sur la plus importante des banques de données de la planète : le patrimoine génétique, ou génotype. L'élaboration des différentes consciences organiques [1] se développe sur la base d'une intelligence non consciente, directement déterminée par l'action de facteurs du milieu dans lequel vous évoluez.

---

1. Le cerveau du cœur, de l'estomac, du foie, de l'intestin sont des lieux garnis de connexions neurones, dont notamment les fameux chakras de la théorie yogi.

L'hypnose altère la conscience, la PNG la stimule

Il est difficile d'admettre qu'il suffit de provoquer un état d'hypnose fruste ou de relaxation pour qu'un sujet se retrouve *ipso facto* dans l'état altéré de conscience qui caractérise l'hypnose traditionnelle. L'hypnose débute avec la catalepsie des membres moteurs, une contracture involontaire des muscles et des articulations obtenue par voie de suggestion. Le sujet parfaitement conscient ne dirige plus son corps. Il a délégué ce pouvoir à l'hypnotiseur, qui le transforme en banquette humaine, la nuque posée sur une chaise, les talons sur une autre. Tout le monde ou presque a déjà eu l'occasion d'assister à un tel spectacle. La suite du spectacle consiste à plonger le sujet dans un état second, de type somnambuloïde, dans lequel il obéit au doigt et à l'œil à l'opérateur. Il pleure, il rit, il aboie, il se déshabille en public, il résiste à la douleur sans la moindre conscience de son état. La catalepsie et le somnambulisme sont les deux manifestations qui caractérisent le mieux cet état bizarroïde qu'on nomme hypnose. Un phénomène qui mérite, par ailleurs, plus d'intérêt que n'en ont montré les milieux scientifiques à ce jour. Le seul point noir se situe dans le fait que l'hypnose suspend la volonté de celui qui s'y soumet. Il devient la chose, l'être-objet d'un manipulateur. Il ne pourra plus agir de son propre gré. Voici pour l'aspect négatif du phénomène hypnotique !

Le sceptre du pouvoir remis par le patient entre les mains de l'hypnotiseur est un cadeau empoisonné aux effets mégalomaniaques incontournables. Car enfin, il ne faut pas oublier que nos yeux ne voient que ce qu'ils ont envie de voir. Chacun peut imaginer que les suggestions d'un hypnotiseur expérimenté sont en mesure de manipuler les sentiments de la proie qui s'abandonne à lui.

Les clefs du trésor mental sont dans le corps

Au-delà d'une curiosité tenace, le besoin de rencontrer cet *autre moi (le soi)* sur un plan différent est l'un des moteurs les plus puissants de la quête hypnotique. Car il est supposé détenir les clefs du trésor qui sommeille en chacun de nous. Le corps, l'esprit et les sentiments qui nous animent sont les objectifs. La préséance est respectée. Sans la santé, rien n'est vraiment possible et sans la réussite vitale, le bonheur demeure inaccessible.

Les vertus que l'imaginaire collectif prête à l'hypnose n'ont jamais été vérifiées dans les faits mais personne n'a jamais réussi à prouver, *a contrario*, l'inefficacité du phénomène. L'eut-elle été qu'on n'en parlerait plus depuis longtemps. Ceci dit, comme pour tous les arts au stade fœtal, le terrain reste vierge et nombre de ses applications demeurent dans l'ombre.

Et de la fascination pour les passes magnétiques, qui ont plus contribué à déconsidérer l'hypnose qu'à lui offrir des assises solides, j'ai suivi les traces de Jean Lerède [1] pour découvrir les vertus de l'intuition et de la

---

1. Dans un très beau livre, *Les Troupeaux de l'Aurore* (Mortagne, 1980), il défend le point de vue de notre communication au moyen de l'Intuition ; les Hommes d'il y a quelques dizaines de milliers d'années savaient beaucoup mieux utiliser leurs facultés intuitives, n'hésitant pas à recourir aux pratiques initiatiques.

suggestion verbale créative dont il était un expert reconnu. Dans la foulée, j'ai réalisé qu'il existait bien un rapport de cause à effet entre l'imagination et la modification de conscience recherchée. Le mot entraîne la production imaginaire du sujet dans le sens voulu et l'action de l'imaginaire produit un effet neutralisant sur les mécanismes de refus. C'est à ce niveau qu'intervient l'idéomotricité de la Programmation neuro-gestuelle afin de stimuler les atouts intellectuels ou les énergies corporelles.

Tout est permis...

Le coffre au trésor se situe dans les spirales de votre hérédité. La clef est comme toujours une question de méthode d'extraction et de discipline pour développer ce qui peut l'être. « Tout n'est pas permis mais tout est possible », un adage alchimique qui s'adapte idéalement à la PNG. Vous ne deviendrez pas un matheux de génie si vos ascendants ne vous ont pas légué la bosse des maths. Désolé ! Mais alors que vous ont-ils offert en vérité ? C'est la réponse à laquelle la Programmation neuro-gestuelle est susceptible de répondre. Et après la confirmation, il reste la stimulation et l'accouchement de vos atouts innés.

Mais commençons par jeter les fondations de l'immeuble mental. Il repose sur trois piliers : la maîtrise de soi, la confiance en soi et l'estime de soi, dit aussi le principe MEC.

Joseph Messinger

La philosophie de la confiance en soi

*Deuxième échelle d'évaluation
en matière de fréquentation
dans la liste des tests chromatiques
mis en ligne sur mon site internet
(voir la fabrique de BEC) !*

Les gestes du succès

La réussite est en chacun de vos gestes au même titre que l'intuition électrise votre intelligence. La magie du geste vient de ce qu'il exprime la vérité à laquelle le mot ne peut accéder, car le mot est censuré par votre conscience. L'authenticité gestuelle trahit le mensonge des mots. Mais cette authenticité ne s'exprime pas toujours spontanément, et ce n'est pas là le moindre des paradoxes. Il vous est parfaitement possible de choisir les gestes, postures et attitudes qui vous ressemblent pour vous les approprier et les intégrer dans votre vocabulaire gestuel.

La créativité n'est pas possible sans les mains qui font et défont et sans le corps qui les accompagne, votre corps qui ne perd jamais son temps à déguiser ses élans ou à simuler. Il est toujours beau dans ses mouvements alors que sa rigidité et son inertie le transforment en galerie de clichés mécaniques. La réussite vue sous cet angle est l'héritière de votre « vérité » corporelle et de la liberté de vos mouvements. La vraie liberté, à mon sens, consiste à habiter pleinement son corps, des pieds à la tête, sans jamais oublier que ce corps communique aussi à travers les gestes qui le représentent. Cette liberté est la seule porte à laquelle le succès frappe volontiers. Ce qui, en gros, signifie qu'un investissement particulier consacré à votre gestuelle stimulera votre image publique et l'attrait qu'elle représente pour votre environnement, social, affectif ou professionnel. La réussite tient souvent à peu de choses. Il suffit parfois de déplacer une virgule dans la phrase pour qu'elle change de sens. Un vocabulaire gestuel revisité peut aussi changer la donne dans votre vie.

Quels sont donc ces gestes qui peuvent assurer le succès ? Et si on commençait par faire le tour des ingrédients, à savoir les sentiments indispensables à votre achèvement ?

Les ingrédients de la confiance en soi

Il y a des verrous gestuels [1] qui servent de creusets alchimiques aux mots et des mots qui stimulent les gestes. Et ces deux modes de communication s'épaulent,

---

1. Le verrou gestuel ou *idéomoteur* est un code gestuel classique conditionné pour s'exprimer spontanément dans certaines situations d'exception ou d'examen.

s'associent, se marient pour construire l'image sociale que vous délivrez à autrui. De cette image naît *la confiance en soi*, l'un des trois piliers indissociables, avec la maîtrise de soi et l'estime de soi, qui supportent votre personnalité.

Qu'est-ce qu'un verrou gestuel ?

Quels sont ces verrous gestuels ? Quels sont ces mots ? Et comment les programme-t-on ? C'est l'objet de ce livre.

À qui s'adresse-t-il ?

À tous les professionnels qui ont besoin d'une image prospère ou crédible pour convaincre leurs interlocuteurs, combattre des adversaires opiniâtres, débattre sans perdre la face : enseignants, avocats, négociateurs, commerciaux de haut niveau, politiques, etc. Mais aussi à vous, mon lecteur ou ma lectrice, qui avez besoin d'un bouclier social pour vous prémunir du harcèlement moral, vous protéger de l'agressivité de vos proches ou de l'insécurité générale qui règne dans la société.

Au début était la chance…

Voilà un état de grâce que vous recherchez sans vous douter le moins du monde qu'il est plus difficile d'avoir confiance en soi que de croire en Dieu. Car la confiance en soi est un sentiment suprême qui déborde sur vos aptitudes, vos compétences, votre bien-être et votre énergie positive qu'on nomme aussi la chance, quand on a la chance d'en avoir. Si vous ne le saviez pas, la chance est une énergie qui prend sa source dans votre mental. Chaque pensée positive est comptabilisée dans la colonne de droite et chaque pensée négative est reportée dans la colonne de gauche, ou l'inverse. Si la balance penche en faveur de la colonne de droite, vous aurez plus de chance que de malchance. Et inversement. Cela vous semble élémentaire ? Et pourtant, ce capital de pensées positives est fondateur de l'infrastructure de votre confiance en soi. Est-ce si difficile à comprendre ?

Se méfier de son Moi

Comment pouvez-vous encore croire en vous si vous répétez à l'envi que vous manquez de confiance en vous, c'est-à-dire que vous vous méfiez de votre *Moi*. Le versus de la confiance n'est-elle pas la méfiance ? Le manque de confiance en soi n'est peut-être après tout qu'un problème de langage. Si vous ne prenez pas conscience que vos refrains verbaux sont aussi castra-teurs que l'ironie d'une femme délaissée sur la qualité des prouesses d'alcôve de son amant, comment pour-riez-vous regagner cette ressource essentielle entre toutes et fatalement perdue de vue ?

Les mots qui vous polluent

Je souhaite attirer votre attention sur un des aspects les plus courants du problème. Comment investir la moindre confiance en vous si vous conjuguez tous vos actes à l'imparfait de l'indicatif ou au conditionnel présent ou passé ? « Je voulais prendre rendez-vous » ; « Je voudrais faire ceci ou cela. » Comment vous fier à vous quand chacune de vos initiatives dépend du verbe *aller* : « Je vais le faire », ou du verbe *essayer*, en prime : « Je vais essayer. » Déportation de l'action vers un futur hypothétique ! Essai non transformable.

Vous ne pouvez rien contre ce genre de virus langa-gier sans une solide prise de conscience. Et vous savez quoi ? La plupart des stagiaires auxquels j'ai expliqué les choses de cette manière m'ont rétorqué qu'ils ne voyaient pas le rapport entre leur manière de s'exprimer et le manque d'assurance dont ils se plaignaient. Et pourtant, le problème se résume en une seule phrase :

Votre Moi s'affirme quand vos doutes s'abstiennent.

Le capital-confiance

Vieille ressource courtisée par tous ceux qui se méfient d'eux-mêmes, la confiance en soi est plus que jamais à l'ordre du jour. En tant qu'individu de l'époque technologique, vous réalisez que le capital-confiance que vous accordiez si facilement à votre banque, à vos employeurs ou même à vos amis de toujours était un capital sans intérêt. Vous vous redécouvrez et vous constatez qu'on vous a oublié dans la course à la réussite vitale, la seule qui compte vraiment.

Tiraillé entre deux images parentales en instance de divorce permanent, votre confiance en vous est déchirée par de multiples *doubles-messages* venus tout droit de votre enfance. L'image du père survit en vous sans se fondre dans l'image de la mère et *vice versa*. Vous en êtes imprégné jusqu'à la moelle des os au point de ne plus savoir comment vous pouvez vous autoriser à être vous-même. Comment se faire confiance dans ces conditions, sachant que celui qui n'a pas confiance en lui se méfie forcément des autres avant de se mettre en situation d'échec pour se punir de ne pas être un et indivisible ?

Le premier verrou idéomoteur

La définition du verrou idéomoteur

Il s'agit d'une catalepsie articulaire conditionnée qui entraîne une immobilisation de la partie corporelle concernée. Donc incapacité pour le stagiaire de décroiser les doigts dans le cas du tricot des doigts.

La foi

Selon Erich Fromm [1], « *l'amour est un acte de foi, et qui a peu de foi a peu d'amour. Celui qui s'implique réellement peut apprendre à avoir la foi, tout comme un enfant apprend à marcher* ».

Le tricot des doigts

Le tricot des doigts est un refrain gestuel fondamental dans le vocabulaire du corps. Il est la représentation gestuelle de la foi ou de la confiance que vous vous accordez. Et je vous explique le pourquoi de cette affirmation.

Vos mains sont opposables et peuvent s'agripper l'une à l'autre en diverses occasions. Comme par ailleurs vos paumes ne sont pas des pattes de fauve puisqu'elles sont garnies de doigts et non de griffes, vos doigts auront tendance à s'entrecroiser. Une trop grande fréquence de ce code gestuel peut avoir différentes significations suivant le contexte de sa reproduction. Il me paraît évident que si vous reproduisez le tricot des doigts en permanence face à un recruteur ou un patron, cela indique que vous suppliez votre bonne étoile de réussir votre entretien d'embauche. Votre bonne étoile, Dieu, le père Noël ou le diable, tous ces personnages

1. *L'Art d'aimer*, Desclée de Brouwer (2007).

mythiques sont mis à contribution pour stimuler vos chances de l'emporter. Mais le premier concerné par le tricot des doigts est votre propre mental. Vous vous suppliez, vous faites appel à ce sentiment trouble que vous pourriez ressentir dans un lieu de culte, si vous êtes croyant. Ce sentiment conjugue les énergies des deux aires cérébrales, qui sont aussi celles des deux images parentales inscrites en vous, dans chacune de vos cellules. Votre image paternelle n'identifie pas seulement votre père mais tous ceux qui l'ont précédé dans la chaîne héréditaire dont vous êtes issu(e). De même pour ce qui concerne votre image maternelle.

Les mannes de vos ancêtres

Vous en appelez aux mannes de vos trop nombreux ancêtres dont vous êtes le dernier maillon. Vous faites appel aux deux éléments qu'ils vous ont légués en exclusivité : votre foi et le respect de votre territoire (ou ce qu'on nomme aussi l'estime de soi).

Mes propres ancêtres semblaient avoir plus besoin d'être reconnus pour leur savoir-faire ou leurs talents que pour leur foi en eux-mêmes. Comment suis-je informé de ce détail crucial : la longueur de mes majeurs est inégale. Le majeur gauche est légèrement plus grand que le droit. Je suis pourtant un offensif pur et dur si je m'en réfère au croisement de mes bras, j'ai donc besoin d'avoir foi en mes compétences pour qu'on reconnaisse mes mérites. J'ai toujours exercé des activités professionnelles qui me permettaient d'être en lumière. Je ne suis donc pas indifférent à cette exigence de reconnaissance que m'ont léguée mes ascendants.

J'ai effectivement réussi à m'approprier cette foi en mes compétences d'écrivain après plus de quinze années d'errance. J'ai débuté à 45 ans pour y parvenir quinze ans plus tard.

Entretemps, j'ai mis au point la PNG et ses verrous idéomoteurs dont le verrou du tricot qui encourage la foi en soi de manière nettement plus efficace qu'un training d'autosuggestion, genre méthode Coué. Les notes techniques qui suivent peuvent être superflues, si vous n'êtes pas initié à la PNG.

Le verrou idéomoteur du tricot

Vous entrecroisez les doigts en un geste de supplication, comme le font généralement les croyants dans un lieu de culte. Au menu : induction du verrou oculaire [1] comme verrou d'arbitrage, si vous le maîtrisez, ou tout simplement verrou du tricot (doigts croisés) avec une fermeture volontaire des yeux. Si vous êtes seul, le chrono doit évidemment être enclenché avant le début du verrou. Pour procéder à la programmation de ce verrou en solitaire, vous devez atteindre 21 minutes de verrouillage afin de confirmer son acquisition et de l'ajouter dans la somme de vos neuro-programmes. L'exécution de ce verrou se pratique les yeux fermés, comme indiqué sur le site de l'École des Gestes [2], si vous ne maîtrisez pas le verrou oculaire.

---

1. Le verrou oculaire est largement décrit dans *Ces gestes qui vous changeront la vie* (Flammarion, 2010). Il est la clef d'accès à la PNG.

2. www.ecoledesgestes.com

Le verrou du tricot débouche sur un rééquilibrage de vos affects. L'affect est un terme générique pour exprimer tous les phénomènes de l'affectivité, soit toutes les nuances du désir, du plaisir et de la douleur. Ils font partie de votre expérience sensible sous forme de sentiments vitaux : humeurs et émotions. Cette affectivité de base (holothymie) ne comprend pas vos sentiments complexes, comme vos passions et vos sentiments sociaux.

La fable du tricot version confiance en soi

Dans un premier temps, je vais vous demander de croiser les doigts et d'observer quel est le pouce qui domine quand vous reproduisez ce tricot des doigts ! Si c'est votre pouce gauche, vous appartenez à la très grande famille des affectifs. Si c'est le pouce droit, vous faites partie de la famille des cognitifs [1].

Affectif ou cognitif ?

Si vous êtes affectif, vos émotions domineront votre raison. Si vous êtes cognitif, votre raison dominera vos émotions. Un cognitif est plus investi dans sa confiance en soi, tandis que l'affectif est plus concerné par son estime de soi. La foi ou la reconnaissance. Mais ce partage est indicatif et vous pouvez être affectif et

---

1. Je vous renvoie à mon site www.joseph-messinger.fr pour plus de détails sur les profils psychogestuels. *La Grammaire des gestes* (Flammarion, 2006) est un ouvrage qui est consacré entièrement à ces profils.

attaché à votre foi en vous, cognitif et investi dans votre estime de soi.

Chaque main est la représentation symbolique de l'aire cérébrale inverse. Quand les doigts se croisent involontairement, l'objectif émotionnel du subconscient consiste à remettre les deux cortex (raison et émotion) en harmonie.

Imaginons que votre confiance en soi soit identifiée par la main droite et votre estime de soi, par la main gauche. Si les deux éléments qui représentent l'assise de votre personnalité sont en phase, vous serez réceptif à l'exercice du tricot des doigts. Cet exercice est largement expliqué dans mon précédent ouvrage Ces gestes qui vous changeront la vie *aux éditions Flammarion et accessible sur le site de l'École des gestes.*

Condition *sine qua non* : Si vous tentez de contrôler les mouvements de votre corps en censurant mes suggestions, le test sera raté.

Pour avoir des chances de le réussir, vous devrez lâcher prise, comme on dit. Tout est une question de ressenti, donc de croyance ou de refus de croire, ce que les médecins nomment d'ailleurs l'effet placebo. Vous devez aussi vous méfier de la Providence, qui ne récompense que les personnes qu'elle veut punir.

Vous retrouverez la fable idéomotrice du tricot des doigts croisés en annexe de ce livre [1].

---

1. Vous trouverez dans les modules du site de l'École des gestes toutes les fables idéomotrices référencées dans cet ouvrage et dont certains textes sont repris en annexe.

Quand votre Moi dynamique cède le pas à votre Moi psychique, l'exercice est souvent refusé consciemment ou non, car vous ne pouvez pas vous permettre de lâcher prise. Le Moi psychique gère les pensées et l'intellect, le Moi dynamique dépend du système nerveux périphérique et de la motivation, il gère l'action. Mais nous y reviendrons.

Un évaluateur de la foi

Ce verrou peut être utilisé comme évaluateur, si vous êtes demandeur d'emploi, entre autres, et qu'il faut vous rendre la foi en vous-même. La fermeture des yeux est essentielle pour induire l'engrenage digital. Si vous êtes réceptif/ve, vous ressentirez une difficulté à décroiser les doigts à l'issue de la fable idéomotrice qui sert de support à la programmation de ce verrou digital. Cela signifiera que vous êtes motivé(e) à placer votre confiance dans l'espoir de retrouver un travail, si vous êtes demandeur d'emploi. Ce dispositif peut aussi convenir pour atteindre d'autres objectifs : réalisation d'un projet, booster des études, évaluer votre motivation.

Le lien entre la confiance en soi et la réaction idéomotrice de votre corps est une preuve objective suffisante de votre désir d'aboutir. L'incapacité ponctuelle à décroiser les doigts est la réponse matérialisée de votre subconscient. Votre foi en vous est réactivée parce que vous êtes agi par une force supérieure à votre volonté mais dont la source provient de votre foi en vous-même et de votre propre système neuromusculaire. La foi est un carburant essentiel de l'Humanité et le premier élément de l'alchimie comportementale qui guide l'Homme vers sa réussite. Elle englobe votre confiance en soi, bien entendu.

Le fonds de commerce des religions

Si la foi n'avait pas été le fonds de commerce des religions, ces dernières n'auraient jamais fait tache d'huile. Plus votre foi en vous est forte, plus elle rayonne. Et c'est souvent de ce rayonnement que naît le prosélytisme, qui n'est que le prologue de la passion. Il n'y a pas de foi en soi sans passion. Croire en soi, c'est déjà se réaliser sur le plan des émotions. Et à ce stade, la prière est l'invention la plus génialement manipulatrice de ces cinq mille dernières années. « Croire » est un préalable indispensable à toute réussite. Et croyez-moi, c'est plus facile à imaginer qu'à ressentir. Le doute est là en permanence. Il ne vous lâche pas d'une semelle. C'est l'antidote de la foi, le cancer de la confiance en soi. Mais, comme je l'ai déjà dit, le Moi ne peut s'affirmer que si le doute s'abstient.

« À force de prêter foi à mes doutes, je finis par douter de ce que je crois ! » Telle est la force du doute qui jalonne le chemin vers la victoire de la foi en soi. Et quand le doute vous quitte, dégoûté de toute l'énergie investie pour vous faire échouer, la confiance en soi frappe à la porte de vos émotions et le talent l'invite à entrer.

Le principe MEC

Nous vivons dans une société pour laquelle la *maîtrise de soi, l'estime de soi et la confiance en soi* (le principe MEC) tiennent le haut du pavé. Trois qualités majeures qui ne sont enseignées dans aucune école, trois atouts majeurs qu'aucun diplôme ne sanctionne. Que l'une vienne à manquer et le fragile équilibre, sur lequel reposent vos chances de succès ou de bien-être, s'écroule. Votre maîtrise de soi cède la place au contrôle de soi, votre confiance en soi s'efface devant vos doutes, votre estime de soi se soumet au mépris de soi et des autres. Ça vous étonne ? Celui qui affiche son mépris n'a aucune estime pour lui-même. Enfin, votre stress n'est plus géré, vos angoisses prennent leurs quartiers et la déprime suit le mouvement avant que votre sentiment d'échec ne s'installe à demeure. Et c'est ainsi que les agents S.A.D.E. (stress, anxiété, déprime, échec) entrent en scène.

« *Je prends des somnifères pour avoir un sommeil plus lourd et empêcher mes angoisses de me rendre une visite de courtoisie chaque nuit vers les 3 heures du mat' par-là. Au bout de quelques semaines de bon sommeil, j'ai commencé à ressentir une certaine lassitude, des pensées parasites me noircissaient le tableau quotidien, jour après jour. Je me sentais déprimé, incapable de réagir à certaines situations ; perte aussi de mes automatismes de rangement ; trous de mémoire de plus en plus fréquents. J'ai arrêté les somnifères et j'ai repris le cours de mes nuits de sommeil en pointillé. Et puis, l'énergie est revenue au bout de quelques jours. La vision pessimiste de mon avenir à court terme s'est métamorphosée. Mon horizon s'est dégagé et le soleil a commencé à déchirer timidement les nuages qui couvraient ma foi en moi. Benzodiazépine ! Pollution mentale ! J'ai remplacé les somnifères par la lecture de polars. Et puis la fatigue est revenue, le sommeil aussi. Cette confiance en moi, l'estime que je m'accorde et la maîtrise de mes automatismes ont refait surface. »*

Les neuroleptiques et les psychotropes dont nous sommes les plus gros consommateurs au monde expliquent peut-être en partie pourquoi la France se débrouille si mal sur le marché mondial ; pourquoi nos entreprises manquent de créativité ou d'inventivité ; pourquoi nos politiciens sont assurés d'être reconduits dans leurs fonctions, même et surtout s'ils sont nuls.

Les premiers pollueurs de ces trois chevaliers blancs que sont votre maîtrise de soi, votre estime de soi et votre confiance en soi sont les neuroleptiques et autres psychotropes dont vous faites une surconsommation frénétique au moindre pet de travers. Les trois qualités majeures qui s'associent dans le principe MEC sont les seules contre-mesures dont vous disposez pour combattre les agents S.A.D.E.

Les agents S.A.D.E. : les 4 cavaliers de l'Apocalypse

STRESS ANXIÉTÉ DÉPRESSION ÉCHEC

L'anxiété est pernicieuse. Elle se glisse dans toutes les brèches psychiques qui s'ouvrent de manière intempestive à la faveur de vos actes manqués ou de vos conduites inadaptées. La joie euphorique, la déprime réactionnelle, le stress du surmenage, les affects excessifs sont autant de portes qu'il lui est facile de franchir afin d'étendre son empire sur le noyau central de votre conscience (ce qu'on nomme votre conscience de veille).

Il existe un moyen idéal de l'en empêcher. Et ce moyen, vous allez apprendre à le maîtriser en parcourant cet ouvrage. Il s'agit de l'enracinement réflexe des jambes et des pieds dans le sol, dit aussi *verrou de la botte*.

Enraciner signifie tout d'abord poser ses pieds à plat sur le sol, avec ou sans l'aide de la Programmation neuro-gestuelle [1]. Faites donc cet effort élémentaire et vous constaterez très vite que vos jambes auront toujours tendance à se déplacer sous votre siège, vos chevilles à se croiser, ou encore votre jambe gauche à couvrir la droite et *vice versa*.

Si vous n'êtes pas très attentif à leurs mouvements, vos jambes feront l'école buissonnière. Vous aurez beau les obliger à l'enracinement, elles profiteront toujours d'un instant d'inattention de votre part pour reprendre leur liberté de mouvement. Et si vous parvenez malgré tout à les maintenir dans la position voulue, c'est vous qui ressentirez rapidement un malaise de type musculaire, au niveau des mollets ou des chevilles. D'où l'utilité de reprogrammer régulièrement un enracinement des

1. Je vous renvoie au livre *Ces gestes qui vous changeront la vie* (Flammarion, 2010).

jambes (ou verrou de la botte) pour vous désintoxiquer des croisements de jambes ou de chevilles sous votre siège. Le verrou de la botte se programme au moyen d'une fable idéomotrice, comme l'engrenage. Cette fable, que vous retrouverez en annexe, est aussi téléchargeable sur le site de l'École des Gestes[1].

La mobilité de vos jambes en position assise est le meilleur indicateur de votre niveau d'anxiété ou de stress. Sans l'appui d'un enracinement réflexe neuro-programmé, vous ne parviendrez jamais à leur faire entendre raison. Or, tant qu'elles sont libres de se croiser ou de se décroiser au gré de vos pulsions ou des situations vécues, vous ne parviendrez pas plus à fixer vos pieds dans le sol. « Votre taux d'anxiété ne sera pas mis à la masse » comme dirait un électricien. Tandis que j'écris ces lignes, je constate que mes propres chevilles se croisent. Le cordonnier n'est pas toujours le mieux chaussé. J'enracine.

La notion de territoire

Anxiété et dépression sont les traductions psychiques de l'agression et de la fuite, deux conduites aussi instinctuelles qu'archaïques sur lesquelles repose votre notion de territoire ou d'espace vital. Votre corps est le cœur de ce territoire, un corps dont le volume virtuel (et non réel) évolue en fonction de la manière dont vous le percevez. Cette évolution sera aussi fonction de votre lieu de vie.

1. www.ecoledesgestes.com

Mais qu'est-ce qu'un volume virtuel ?

Le territoire que vous vous accordez ou que vous idéalisez est en rapport avec l'espace dont vous avez besoin pour vous sentir en sécurité. Si vous vivez dans une chambre d'hôtel de 12 m², vous pourriez vous sentir à l'étroit parce que vous rêvez d'une maison de 120 m², entourée d'un jardin de 1 000 m² pour être en harmonie avec votre espace vital. D'où alimentation quotidienne de l'angoisse que vous ressentez ! L'inverse est vrai aussi. Le trop d'espace peut entraîner un sentiment voisin d'une forme phobique particulière, ni agoraphobie, ni claustrophobie mais tout de même phobie de l'espace.

Anxieux ou dépressif ?

Le territoire du dépressif rétrécit comme peau de chagrin tandis que celui de l'anxieux envahit l'espace vital d'autrui. En quelques mots, le dépressif a besoin d'un territoire restreint pour se sentir en sécurité, l'anxieux ne peut se sentir à l'aise que dans un territoire étendu. Les dépressifs passent plus de temps aux toilettes que les anxieux. Le dépressif écoutera de préférence les radios « talk » à longueur de journée, l'anxieux préfère les canaux FM musicaux pour se farcir la tête. On dit communément de l'anxieux qu'il est un pompeur d'énergie.

Le psychisme équilibré n'est qu'une vue de l'esprit. Vous pouvez le conquérir, mais la victoire sur votre taux d'anxiété ou de dépression demeure précaire et vous restez toujours sur la touche. C'est le combat éternel du mouvement contre l'inertie, de la légèreté contre la pesanteur, de la vie contre la mort. Lao-Tseu disait déjà que la pesanteur est la racine de la légèreté ; l'immobilité le principe du mouvement. Paradoxe en apparence ! Le dépressif est un anxieux défroqué et l'anxieux un dépressif qui se fuit.

La peur socialisée

Les conduites agressives ou les fuites éperdues étant proscrites par le contrat social qui régit notre société, la peur animale qui prévàut encore dans votre cerveau archaïque s'est socialisée. Filtrée par le *néocortex* (le nouveau cerveau), elle s'est muée en état anxieux. Cette peur socialisée devient insupportable à partir du moment où elle est débordée par l'irrationalité de ses manifestations. Elle s'avère alors l'un des facteurs favorisants de troubles majeurs ou d'affections psycho-somatiques. Vous devenez sujet à des sueurs soudaines, des rougeurs subites des oreilles, des démangeaisons récurrentes des parties génitales ou anales, une transpi-ration pédestre inédite, des mycoses subites, etc. La réponse médicale à l'urgence anxieuse passe, notam-ment, par les tranquillisants et les neuroleptiques, dont l'action sédative agit directement sur votre système neurovégétatif tout en le polluant vite et bien.

La pollution de la nature trouve-t-elle sa racine dans notre nature intime ?

44

Le scénario psychosomatique

La manifestation la plus caractéristique de l'anxiété pathologique est la névrose d'organe, dite aussi névrose psychosomatique. La frontière entre la psychothérapie et la médecine est ici atteinte. Les deux disciplines se chevauchent et se concurrencent, car ni le médecin, ni le psychologue ne peuvent appréhender seuls le tableau clinique de l'anxiété que vous pourriez ressentir dans l'infinie variété de ses manifestations. L'usage des anxiolytiques neutralisera vos symptômes, tandis que votre psychothérapeute tentera de s'attaquer aux racines du mal. Assis entre deux chaises, vous vous impatienterez, vous vous angoisserez, vous somatiserez, vous voyagerez d'un thérapeute à l'autre, sans trouver la panacée qui pourrait vous libérer de votre trouble ou de la souffrance que vous endurez. Prédispositions somatiques et fragilités psychologiques entrent en compétition, générant des racines névrotiques, jusqu'à l'installation permanente d'un scénario psychosomatique du type névrose d'organe. Un exemple courant : les douleurs intercostales qui ressemblent à des douleurs cardiaques. Il est aisé de constater que chaque symptôme est le non-aboutissement d'un espoir ou d'un objet de désir surinvesti affectivement dans l'histoire du malade.

Maladie ou mal à dire ?

Ainsi, si vous avez à vous plaindre d'hypertension artérielle, cela semblera correspondre, du point de vue psychologique, à la non-réalisation de soi, entraînant dans votre mental un sentiment d'infériorité caractéristique ou un sentiment de culpabilité irrationnelle. Certaines affections nutritionnelles sembleront provenir d'un désordre antérieur dans l'acquisition de vos automatismes. Une imprégnation des conduites anarchiques de vos parents en matière de nourriture ?

Le rapport liant les affections cardio-vasculaires et la peur de l'échec ne vous étonnera guère.

Si vous souffrez d'affections digestives, elles expriment un comportement de type maniaque avec des accès euphoriques et/ou colériques fréquents.

Vos doutes et la constipation chronique font en général bon ménage.

Quant aux diarrhées, elles sont un symptôme classique si vous appréhendez des lendemains désenchanteurs, et que vous faites tout ce qui est en votre pouvoir pour que ces lendemains vous déçoivent.

On peut associer vos nausées à une perte de l'estime de soi. On se vomit quand on se méprise.

Vos périodes d'insomnie sont très souvent la conséquence de vos rêves de jour, qui vous empêchent littéralement de dormir la nuit. Vous n'êtes pas présent au présent, vous vivez en projection sur l'avenir, ou vous vous raccrochez bec et ongles à un passé dépassé.

Psychologie du gros bon sens ?

Peut-être mais pas sûr ! Ces quelques exemples montrent à quel point il est essentiel d'enquêter sur la tradition psychocomportementale des affections psychosomatiques dont vous auriez à vous plaindre. Votre corps exprime un malaise psychique de manière générique. Il est d'autre part évident que la culpabilité irrationnelle, la peur d'être pénalisé, les sentiments d'infériorité ou de frustration, l'automutilation inconsciente et les comportements de type suicidaire s'inscrivent dans le tableau clinique de la névrose d'organe.

Comme on le constate, l'anxiété n'est pas un trouble que vous devez traiter à la légère. Ces mêmes symptômes se retrouvent dans le tableau du stress et de la dépression nerveuse. Ces trois aspects ne sont d'ailleurs souvent que des branches d'un même tronc existentiel : la peur de la fin ou de l'achèvement de la vie.

Les potions magiques

Mais quels sont les remèdes pour combattre les agents S.A.D.E. et protéger le principe MEC ? Ce sont les verrous idéomoteurs de la PNG enseignés dans cet ouvrage [1] et qui vous aideront à vous débarrasser de toute la pollution que vous fait subir votre environnement. Ces verrous favoriseront votre confiance en soi, votre estime de soi et le sentiment de maîtriser vos compétences ou vos talents. Or, le talent est une vraie potion magique, un remède fabuleux pour combattre et vaincre n'importe quelle maladie. Et je peux vous parler d'expérience.

Pour y parvenir, vous apprendrez dans ce livre comment programmer les gestes, postures et mimiques utiles et nécessaires. Les cédéroms n° 1 et n° 2 sont

1. Voir aussi *Ces gestes qui vous changeront la vie* (Flammarion, 2010).

téléchargeables sur le site Internet de l'École des Gestes [1]. Ils contiennent des fables idéomotrices qui vous aideront puissamment à obtenir les conditionnements souhaités.

Le cas du fumeur désenfumé

Supposons que vous soyez fumeur ! Dans cette optique, la cigarette représente pour vous une surcompensation affective et un anxiolytique puissant parce que disponible à peu de frais et répétitif. Elle inhibe les poussées auto-agressives infantiles dont l'origine pourrait se situer dans le sevrage brutal du nourrisson que vous avez été. Conduite d'addiction à l'instar du drogué ou de l'alcoolique, je pose l'hypothèse que vous puisez dans la cigarette un moyen de circonscrire l'insécurité endémique sur laquelle repose vos conduites. La consommation de tabac favorise aussi le syndrome d'échec chez certaines personnes.

L'abus du tabac prédispose au cancer du poumon et/ou de la gorge, deuxième cause de mortalité après les

1. www.ecoledesgestes.com

affections cardio-vasculaires. Vous devez donc choisir entre le confort immédiat et une issue fatale dans un cas sur deux. La roulette russe. L'artériosclérose vous guette, les maladies cardio-vasculaires vous attendent au tournant de l'âge mûr, mais vous continuez à avaler la fumée de votre cigarette, privilégiant votre confort de l'instant présent au mépris de la menace à venir que vous refusez d'envisager. Il faut bien mourir un jour. Logique ! La satisfaction du présent pèse toujours plus lourd que les perspectives morbides et aléatoires de l'avenir. Un tiens ne vaut-il pas mieux que deux tu ne l'auras pas ?

Comment vous désintoxiquer du tabac ?

Ce ne sont pas les méthodes qui manquent à l'appel. Elles se bousculent même au portillon, chaque fois que l'État fait semblant de réaliser ce que le tabac coûte à la Sécurité sociale. Quelques milliards de paquets de clopes qui rapportent des taxes dont Bercy ne pourrait se passer. En définitive, le cancer du poumon pris en charge à 100 % coûte moins cher que le total des bénéfices engrangés par la vente du tabac, sans oublier que les personnes atteintes de cette affection mortelle ont cotisé toute leur vie pour une retraite « heureuse » dont ils ne profiteront pas. C'est tout bénef' pour l'État. Et l'État c'est eux, eux que nous avons élus et que nous entretenons fastueusement avec nos sous.

Mais revenons à la PNG !

Cependant, aucune de ces méthodes ne prend en compte votre taux d'anxiété. Car si vous pouviez défouler le trauma affectif profond que représente le sevrage du nourrisson que vous avez été, il y a fort à parier que votre consommation de cigarettes se réduirait ou disparaîtrait purement et simplement. La transedécharge idéomotrice [1] est d'ailleurs parfaitement en mesure d'opérer ce petit miracle. Encore faut-il se sentir motivé à en finir avec la cigarette, avec ou sans la menace d'une situation d'urgence médicale ! La peur est un excellent médiateur. Mais il existe aussi des verrous idéomoteurs qui peuvent vous aider à vous libérer de votre drogue. On y additionne généralement un quatrain idéomoteur qui sert de refrain à la fable de déprogrammation du tabac. Vous trouverez des exemples de quatrains idéomoteurs en annexe.

L'intérêt de la PNG, en l'occurrence, se situe dans le fait que vous ne réaliserez pas consciemment que vous consommerez de moins en moins de tabac après avoir déchargé ce type de trauma du stade oral. Vous vous évitez ainsi l'auto-vigilance obsessionnelle qui est le chemin de croix de toute personne qui arrête brutalement de fumer. La disparition de la cigarette ne deviendra pas soudainement un nouveau traumatisme affectif superposable à l'ancien. Simplement, la relation que vous entretenez avec votre paquet de clopes perdra en intensité selon un rythme progressif. Vous vous rendrez compte du changement dans vos habitudes avec

---

1. Une technique détaillée dans mon ouvrage intitulé *Ces gestes qui vous changeront la vie* (Flammarion, 2010).

le temps. La racine anxiogène étant extirpée, l'automatisme du fumeur perdra une grande partie de son substrat essentiel : l'angoisse du sevrage.

Si vous êtes initié à la maîtrise de l'aphémie réflexe [1], vous détiendrez un puissant anxiolytique, donc un excellent remède contre la consommation abusive de tabac. Une aphémie est une coupure totale du son au niveau du larynx, coupure conditionnée par l'écoute d'une fable idéomotrice destinée à obtenir ce type de résultat par suggestion. J'ai pu constater chez de nombreux sujets qu'il leur était pénible, voire impossible, d'avaler la fumée en cas de programmation d'une aphémie totale des cordes vocales. Le larynx ne le supporte pas.

Mesurez votre taux d'anxiété avec une règle !

Pour en revenir au débat qui articule cette longue introduction, je vous propose de procéder à une expérience inédite. Procurez-vous une planche de bois brut d'au moins un centimètre d'épaisseur. Choisissez-la d'une largeur de soixante centimètres sur une profondeur de quarante centimètres.

Déchaussez-vous, asseyez-vous confortablement devant votre poste de télévision (ou poursuivez la lecture de ce livre), et posez vos pieds nus sur cette planche. Programmez-vous un verrou de la botte et regardez votre émission favorite (ou plongez-vous dans

1. Voir *Ces gestes qui vous changeront la vie* (Flammarion, 2010).

la lecture) tandis que votre taux d'anxiété, métamorphosé en sueur, s'imprimera sur la planche.

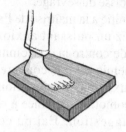

À l'issue de cette expérience, il est possible que la transpiration de vos pieds vous semble anormalement élevée. Ne vous inquiétez pas ! L'objectif de cet exercice consiste à drainer vers la base votre anxiété superflue transformée en sueur. Dès la fin de la posture, prenez un crayon pour tracer le contour de vos pieds posés sur la planche et comparez la surface de vos voûtes plantaires avec celle marquée par votre transpiration. Le pH acide de votre sueur corporelle sera absorbé par le bois sans dommage pour la plante de vos pieds. Si vous souffrez de crevasses de la voûte plantaire, vous aurez très vite la surprise de constater leur disparition. La planche de bois deviendra, en quelque sorte, un remède alcalin idéal contre l'acidité de votre stress ou de votre anxiété. Simple et pas cher !

La vérité appartient aux poètes

L'action des postures sur l'angoisse et ses manifestations les plus courantes ont été pour moi une révélation sur laquelle il m'est malheureusement difficile de m'étendre dans le cadre de cet ouvrage. Les confrères ou consœurs que j'ai informés de mes travaux ont toujours considéré les résultats annoncés avec une certaine circonspection, voire un mépris incompréhensible sinon que la jalousie devait leur peser sur l'estomac. Il faut dire qu'entre scientifiques et autodidactes, ce n'est pas vraiment le grand amour. Certains auraient bien voulu m'intenter un procès en sorcellerie. Les preuves que j'apportais étaient toujours vérifiables et surtout trop concrètes pour que ma parole puisse être mise en doute.

L'autohypnose à l'origine de la PNG

À l'époque de mes premières découvertes, l'autohypnose était encore déconsidérée et reléguée au rang des pseudosciences ésotériques. Même les médias, qui se régalent aujourd'hui de tout et de n'importe quoi, considéraient mon action à propos de l'hypnose avec un amusement à peine teinté de cynisme. Nous étions au début des années 1980. Les temps changent, les mentalités aussi. Et puis, sévit la crise d'angoisse macroscopique de notre société toute entière à la recherche d'une potion magique. En ce qui me concerne, l'autohypnose a été cette potion miraculeuse. Elle est devenue la Programmation neuro-gestuelle quand j'ai décidé d'y rattacher mon expertise des GPM (gestes, postures et mimiques) dans le but d'assurer un équilibre aux trois principales béquilles du psychisme : la maîtrise de soi, la foi en soi et l'estime de soi dont je vous invite maintenant à découvrir les 10 ingrédients et les verrous idéomoteurs qui les confortent.

1er ingrédient : la foi

Définition de l'expression « Confiance en soi » : sentiment qui fait qu'on se fie à soi-même [1].

> « *Mais comment puis-je être certaine que je suis capable d'écrire un roman* », *me demande une amie ?*

Elle a travaillé pour moi, m'aidant à rédiger certaines parties de mes livres et aussi comme documentaliste. Elle a une bonne plume et une originalité qui lui appartient, mais le doute lui tient la main en permanence.

> « *Mon problème, c'est que je n'arrive pas y croire* », *répète-t-elle souvent.*

La foi en soi ! Le mot est lâché. Comment pourriez-vous croire en vos prédispositions quand vous peinez à vous faire confiance, à vous fier à vos

---

1. *Le Nouveau Petit Robert de la langue française* (2007).

capacités ? Avoir confiance en soi, c'est avant tout se connaître ? Ça ne veut rien dire dans le mesure où celui qui se connaît sait de quoi il est capable ou pas, en principe. Se connaît-on vraiment ? La plupart des gens sont des étrangers à eux-mêmes. Ils sont propriétaires d'un corps et d'un esprit dont les ressorts leur échappent. On dirait que leur vie est un gigantesque Banco. Il suffit de gratter pour perdre ou pour gagner. Ils font confiance à leur bonne étoile, à Dieu, se fient à leur horoscope ou aux cartes du Tarot mais jamais, au grand jamais, à leurs propres intuitions ou à leurs convictions.

D'après la psychothérapeute Isabelle Filliozat, quatre étapes sont indispensables au développement de la confiance en soi. Elle s'acquiert grâce à :
- une sécurité intérieure,
- une affirmation des besoins,
- une acquisition des compétences,
- une reconnaissance par les autres.

Une sécurité intérieure ? Pourquoi pas tout simplement un sentiment de sérénité adossé à un rythme de vie qui vous convient ?

Une affirmation des besoins ? Ou peut-être un besoin de faire autorité, de vous affirmer !

Une acquisition des compétences ? Acquérir ne signifie pas maîtriser, or, la maîtrise de vos compétences, dite aussi maîtrise de soi, est le fondement de la compétence.

La *maîtrise de soi* est une faculté de recul par rapport à l'expérience, un métaflux de conscience qui évolue au-dessus ou à côté du flux principal et perçoit les événements sans s'immerger, ni se perdre en eux. En clair, c'est la différence qu'il y a, par exemple, entre le fait de se mettre en colère ou celui de penser : « C'est de la colère que j'éprouve », tandis que vous êtes furieux. Cette subtile modification de l'activité mentale indique vraisemblablement que vos circuits néo-corticaux surveillent attentivement vos émotions, première étape vers la maîtrise proprement dite. C'est le rodage de ce qu'on appelle la maîtrise de soi, une étape qui consiste à savoir « se » distinguer de l'objet. Toute la différence entre le *contrôle* et la *maîtrise* se situe à ce niveau. Si vous vous contrôlez, vous ne parviendrez pas à vous distinguer de l'objet. La maîtrise de soi est évidemment essentielle pour vous imposer en « vainqueur » face au groupe, partant du principe que vous êtes le vainqueur si vous êtes capable d'affirmer votre autorité.

Une reconnaissance par les autres ? Là il y a confusion entre la confiance en soi et l'estime de soi qui trouve sa source dans le regard des autres. Le travail de confiance en soi est un travail d'introspection. Si vous connaissez vos limites et que vous vous acceptez tel quel, vous aurez une confiance en vous plus solide que votre voisin qui passe son temps à se remettre en question. Et pourtant ? Il est indispensable de savoir se remettre en question afin d'assurer votre évolution dans un monde où le progrès file à toute vitesse et où la vérité du jour devient obsolète dès le lendemain.

La confiance en « moi »

Confiance en soi ? Le « soi » n'est pas le « moi » mais son image dans le miroir subconscient. J'ai confiance en moi mais ai-je foi dans le soi ? Il ne s'agit pas de jouer avec les mots mais de leur attribuer la place qui leur revient dans vos mécanismes de compréhension bruts de décoffrage. Moi, c'est « je », la première personne du singulier à laquelle je m'adresse. Soi, c'est lui, la troisième personne du singulier. Et lui ne peut être moi, sauf si je suis deux personnes différentes dans un même corps. Il faut donc exclure le « soi » pour que le « moi » puisse exister à part entière. Ce livre aurait pu s'intituler : *Les Gestes de la confiance en moi.*

Quand vous êtes conscient sur le devant de la scène, votre inconscient demeure en coulisse et continue à tirer les ficelles malgré vous et malgré tout. Il ne fait que traduire vos véritables sentiments, ceux derrière lesquels vous vous cachez pour ne pas devoir vous sentir coupable de votre mauvaise foi.

Quand je reproduis une posture particulière, disons les mains en prière, les coudes en appui sur un support, quel est le message non verbal que j'exprime ?

Supplication ? Superstition ? Réunion de mes deux aires cérébrales pour contrer les arguments de mon adversaire ? Que les doigts soient écartés ou non ne change pas le sens du geste. J'investis ma réflexion dans une réponse hypocrite, ma mauvaise foi est en alerte. Il faut que je me sorte de cet affrontement verbal avec les honneurs de la guerre. Quel rapport avec la confiance en moi ?

Il existe deux attitudes mentales qui la valorisent : la première est la confiance en la vérité que je détiens et que j'assénerai à mon détracteur en temps voulu avec toute l'assurance dont je suis capable. Cette confiance-là ne fait pas appel au code *des mains en prière*. En revanche, la seconde, ma mauvaise foi, recherchera automatiquement un appui gestuel avant de s'étaler verbalement.

Je pose l'hypothèse que la confiance en ce *Moi* qui vous guide est un sentiment dont l'émergence dépend entièrement de la manière dont vous appréhendez l'espace en fonction du temps. Ou inversement : comment percevez-vous le temps qui passe, en fonction de l'espace que vous occupez ? Si vous accordez moins d'importance au temps qu'à l'espace, ce dernier acquerra automatiquement une plus grande envergure. Le temps ne s'arrêtera pas pour autant de passer, mais ce passage du passé au futur immédiat se transformera en une valeur espace-temps présent, comme une suite de présents successifs. C'est ce qui arrive quand vous vous laissez happer par la lecture d'un bon roman. La notion de temps s'estompe, vous plongez dans l'espace-temps présent qu'occupe le récit dans votre esprit.

La confiance en « moi » procède du même principe. Au moment où j'écris ces lignes, je sais que j'arriverai à vulgariser cette notion un peu abrupte, car les mots s'impriment sans effort sur l'écran de mon ordinateur. J'ai foi en ma compétence d'écrivain psy, quel que soit le temps investi pour accoucher de cette explication.

Partons d'un préalable, si vous le voulez bien : chacun sait que l'espace est un concept objectif et le temps un concept subjectif. Tout individu situe inconsciemment l'évolution linéaire de son existence en fonction de ces deux concepts. Le temps est subjectif parce qu'il se contracte ou se dilate en fonction de la manière dont vous le percevez. L'espace est objectif, car il est aisé de le délimiter dans un contexte donné.

J'occupe l'espace de mon bureau au moment où j'écris ces lignes. Mais la conscience que j'ai de cette situation spatiale est dépendante de la notion de temps qui passe. Or, ces deux notions sont intimement liées, car la confiance en moi naît de l'équilibre entre ces deux paramètres au sein de ma conscience.

L'indisponibilité mentale subordonnée au temps qui passe toujours trop vite ne me permet pas de savourer l'instant, cet espace-temps présent dans lequel peut se ressourcer la foi en soi. Si le temps s'étire du passé vers l'avenir, l'espace occupe le présent. La majorité des individus ont une conscience aiguë du temps qui passe, mais ils oblitèrent la notion d'espace et perdent ainsi de vue la gestion de leur présent (qu'on nomme aussi l'ici et maintenant). La confiance en ce moi se construit d'abord en occupant l'espace-temps présent. Et c'est bien là tout le mystère de cette double appréhension !

S'il est facile de comprendre la notion de temps, la notion d'espace ne peut être appréhendée qu'en l'identifiant au présent.

> *Si, en relisant ces notes, j'ai le sentiment de perdre mon temps, je perdrai automatiquement une vision qualitative du texte que vous êtes en train de lire. Je ferai l'impasse sur des passages plus complexes sans m'arrêter pour tenter de les rendre plus explicites.*

Je suis ici au moment où j'écris ces lignes. J'occupe un espace donné au présent de mon existence. Mon avenir dépend des mots que je couche sur le papier, car tout acte posé entraîne inéluctablement une conséquence dans le futur. L'ancrage dans cet espace-présent m'oblige à prendre du recul, à stimuler mon attention et à évacuer en permanence l'appréhension de l'aboutissement. « Où vais-je ? » a moins d'importance que « Où suis-je ? »

L'espace de la prière

Quand un croyant prie son dieu, il occupe cet espace de la prière, sans référence aux événements qui l'attendent à la sortie de son lieu de culte. Il prie pour entrer en communion avec l'éternité de l'instant. Sa foi le protège contre l'angoisse de l'après…

> *Il faut que je vous conte une légende*
> *Un récit qui retrace les origines du corps*
> *Bien avant que ne fut inventée la mort*
> *Cette sentence pénitente*
> *Que nous devons payer au mauvais sort*
>
> (Quelques vers d'une fable idéomotrice)

L'après, l'angoisse de la mort perpétuelle du temps qui passe. En priant, il s'enferme dans une forteresse dans laquelle il n'y a plus ni passé, ni avenir. La prière lui permet de plonger dans la profondeur de son âme, un concept spatial absolu, un présent éternel, le berceau de la confiance en ce dieu omnipotent. C'est ce qui explique le succès des religions. À défaut de conforter la confiance de l'homme en son Moi, il lui offre une foi en un dieu immatériel qui protégera sa misérable existence des ressacs du mauvais sort. Pensée magique dénoncée par les psychanalystes ! Mais la psychanalyse ne délivre pas de solutions prêtes à l'emploi pour récupérer cette fameuse confiance en Moi. Hormis la miséricorde d'un dieu que nous avons peut-être inventé pour nous rassurer, que reste-t-il ? Car après la vie, il y a la mort. Et à quoi aura servi cet investissement massif dans une foi en soi qui ne sera plus qu'un souvenir avec la disparition du corps ? Alors que la foi en ce dieu immatériel permet tous les espoirs d'une résurrection ou d'une réincarnation de ce Moi en elle ou lui, c'est-à-dire en un autre.

Et si l'autre était un message transmis à ceux qui vous suivront dans la spirale héréditaire ? Alors, la confiance en ce Moi ne serait pas une gabegie, un gaspillage d'énergie, mais un cadeau fait aux générations qui vous suivent. Ce qui nous amène à un sujet de discussion polémique entre tous : la beauté.

Quel est le rapport entre la beauté et votre foi en soi ?

La confiance que vous vous accordez aura immanquablement une incidence sur vos attitudes corporelles. Imaginons que vous n'êtes pas vraiment un canon de beauté. Quelle importance ! Votre culture de la foi en soi rayonnera et imprégnera votre entourage. On reconnaîtra vos compétences, vos talents (estime des autres = estime de soi). Cette reconnaissance agira comme un carburant sur votre ego. La combinaison de l'estime des autres et de la confiance en votre Moi marquera vos proches (surtout vos enfants) qui y puiseront un combustible pour alimenter leur propre confiance en eux. Le message héréditaire sera transmis par-delà les générations et votre lignée améliorera ses choix posturaux et ses combinaisons morphologiques qualifiantes, à savoir : des attitudes corporelles non contraignantes, donc libérées notamment des croisements intempestifs des jambes ou des chevilles pour ne donner que ces exemples-là. Vos descendants deviendront beaux parce que vous avez décidé de cultiver votre confiance, votre Moi au lieu de vous morfondre dans une insatisfaction permanente et destructrice.

Ce qui nous amène à comprendre pourquoi les individus qui affichent une confiance en soi naturelle exercent un pouvoir de séduction sur le public. Ce pouvoir de séduction fondé sur la confiance en soi sera souvent plus atavique. Il sautera une ou plusieurs générations avant de se manifester à nouveau chez un descendant.

Qu'est-ce que la foi ?

La foi ou confiance en soi est une valeur intrinsèque et extrinsèque (qui vient de l'entourage) à notre époque. Pourquoi ? Et bien parce qu'elle se substitue à la foi en dieu, qui manque singulièrement de tonus depuis que la crise a installé ses quartiers d'hiver en toutes saisons. Pourquoi pensez-vous que certains de nos compatriotes, d'éducation laïque ou catholique à l'origine, se convertissent à l'Islam ? Parce que cette religion est intransigeante vis-à-vis d'une foi fragilisée ou affaiblie. Elle les rassure et apaise leurs doutes. Le retour à la foi religieuse est toujours suscité par une perte de repères et/ou la peur d'un avenir sans devenir. Dieu est bien pratique quand la foi en soi s'est déprogrammée à la faveur d'une crise identitaire, par exemple. « Qui suis-je ? Où vais-je ? Comment faire pour m'en sortir ? »

Et pourtant, croyez-moi, la foi en un dieu ne vaut même pas la poussière des prières que vous lui adressez, si vous n'avez pas d'abord foi en vous-même.

Le vecteur électrochimique de la foi (des micro-messages moléculaires transportés par voie électro-statique) n'est pas une vue de l'esprit, les insectes l'utilisent pour communiquer entre eux. Et si les hommes le propageaient inconsciemment pour croire en leurs dieux ? L'ego humain étant le plus important de tous les dieux, il se nourrit de la confiance qu'on lui accorde : la foi, qu'elle passe par votre Moi ou par Dieu, Allah ou Bouddha.

Stimulez votre foi en vos potentiels

Il n'y a pas de confiance en soi qui tienne sans une foi en vos aptitudes, vos compétences ou vos talents. Mais comment être plus ou moins certain que vous possédez ces talents si vous ne les maîtrisez pas, comme nous l'avons déjà évoqué au début de ce chapitre ?

Exemple

Quand vous tapez votre texte sur le clavier de votre ordinateur, les mots s'impriment sur votre écran sans que vous ayez besoin de surveiller la position de vos doigts. Mais pour arriver à taper votre texte sans multiplier les fautes de frappe, vous devrez acquérir des automatismes digitaux positionnels. Or, pour y parvenir, vous devrez répéter inlassablement des groupes de lettres et de signes sans signification. Fastidieux mais efficace ! Certains d'entre vous finiront par devenir des pointures de la frappe sans faute, d'autres vont ramer sans jamais parvenir à une frappe régulière. Pourquoi ? Parce que l'habileté digitale requise n'est pas un acquis, mais est innée. Elle se transmet de génération en génération comme c'est le cas pour l'oreille musicale. L'intelligence digitale est une prédisposition héritée. Il reste à faire fructifier ce capital par un travail acharné et l'acquisition d'automatismes ad hoc, évidemment. Nous ne sommes pas tous des virtuoses du clavier. Chaque talent acquis est une pierre de l'édifice qui est constitué par la confiance en soi et l'estime de soi.

La psychologie du mouvement

J'ai mis vingt ans à maîtriser l'écriture, à percer le secret de la mélodie des mots, à jouer avec les rythmes en ponctuant mes phrases au lieu de me reposer sur les conjonctions de coordination, etc. J'ai appris à dérouler du cinéma dans la tête de mes lecteurs tout en leur racontant les gestes. Toutes ces aptitudes ont conforté ma confiance en moi, en ma compétence d'écrivain. Je possède les rudiments indispensables à l'exercice de mon métier, mais je connais aussi mes limites. J'ai endossé l'habit de lumière de l'éveilleur de conscience, du profileur gestuel en touillant dans la marmite du bon sens pour donner à *la psychologie du mouvement* une chance d'être comprise par tous, de l'humour parce que le rire est un médicament naturel qui fait du bien, de la connaissance ignorée qui se cache de l'autre côté du miroir parce que je me passionne pour le décryptage, une approche qui me permet de prendre le contrepied des vérités institutionnelles de la science figée dans ses bottes.

Voilà ma recette !

La recette qui m'a conduit à établir les règles de la PNG (Programmation neuro-gestuelle) pour atteindre le premier palier de la confiance en moi ou de la foi en soi, au choix. Pour y parvenir, il aura fallu diviser mon Moi en trois parties distinctes : *le Moi psychique*, celui qui produit plus de pensées parasites et dispersantes, mais qui sait aussi se concentrer car il est le siège de mon intelligence ; *le Moi dynamique*, celui qui commande

aux mouvements du corps et de ses gestes ; *le Moi spirituel*, celui qui croit en Moi. La recette en question
débute par la compréhension de cette division de l'ego
en trois champs de perception de soi.

Le tricot digital

Car il y a des gestes qui stimulent votre foi en vous,
comme par exemple *le tricot des doigts*. Facile ? Ce
n'est pas sans raison que les croyants y ont recours pour
supplier Dieu de les aider à se réaliser. En effet, le tricot
des doigts est un refrain gestuel invariable qui s'adresse
à l'une de vos deux aires cérébrales en particulier
suivant votre profil gestuel : cerveau affectif et féminin
si vous avez un pouce gauche dominant ; cerveau
rationnel masculin si votre pouce droit est dominant. La
réunion des doigts mime l'imbrication de vos aires
cérébrales qui se complètent et s'auto-alimentent en
énergie. Le vrai tricot des doigts n'est jamais décalé. Il
débute dans l'ordre avec les auriculaires entrecroisés
suivis des annulaires et ainsi de suite. *Le décalage du
tricot* se produit quand vos deux cerveaux sont
déphasés (pas en phase). Vous ne savez plus où vous en
êtes (littéralement). Votre confiance en vous est
refoulée.

On enracine !

Une autre posture roborative pour votre confiance en
soi consiste à décroiser vos jambes en position assise et
à camper vos pieds sur le sol : *le verrou de la botte*. Le

contact de vos pieds avec la terre est essentiel pour assurer votre équilibre psychocorporel. Par exemple, si vous vous enfermez dans un double croisement en posture assise : *bras croisés et jambes croisées*, vous trahissez votre manque de confiance en vous et votre méfiance vis-à-vis de l'environnement. En soi, le croisement des bras désigne déjà un besoin de surprotection face à l'entourage ou à un contexte angoissant.

Les bras croisés

Les candidats convoqués pour un entretien de recrutement qui s'agglutinent dans une salle d'attente surchauffée ont toujours tendance à croiser les bras pour protéger leur territoire corporel. Cette réaction bien naturelle trahit automatiquement le manque de confiance en soi dans ce contexte précis. Elle provient d'un phénomène ignoré du grand public, l'attente d'une récompense inespérée ou d'une pénalisation redoutée entraîne une asthénie musculaire dorsale, un affaiblissement des muscles du dos, qui suscite un croisement des bras.

Il en va de même pour la position de *la jambe en équerre* ou *les mains calées dans les poches en position assise*. La première posture est une protection dérisoire qui s'affiche quand le reproducteur est agressé verbalement par un adversaire ou un détracteur. C'est aussi la posture privilégiée des grands timides, qui sont paradoxalement de grands téméraires. Les mains qui s'abritent dans les poches en posture assise appartiennent à des personnes qui dissimulent leurs sentiments d'infériorité ponctuels ou chroniques.

Les verrous idéomoteurs : définition

Il existe en PNG plusieurs verrous qui aiguillonnent la confiance en soi en situation d'examen ou d'exception. Le verrou de la botte est l'un d'entre eux. De quoi s'agit-il ? D'un conditionnement cataleptique qui colle vos pieds au sol, verrouille l'articulation de vos genoux, empêchant tout croisement intempestif sans que vous ayez besoin de faire appel à votre volonté pour maintenir la position. Ce verrou dit idéomoteur, puisqu'il prend ses ordres dans votre mental, installe une posture souvent difficile à conserver parce que non conforme aux divers sentiments de précarité qui viennent perturber vos efforts de concentration ou disperser votre réflexion. Vos jambes se croisent automatiquement quand l'énergie de la confiance fluctue ou quand vous vous heurtez à une difficulté d'adaptation.

La foi est donc le premier pilier de cette confiance en soi que nous recherchons tous et cette fameuse confiance puise son énergie dans les postures corporelles que vous adoptez. *Les mains en couverture* ou *la rotule*, deux attitudes classiques sont également d'excellents agents roboratifs pour conforter votre foi. Si vous avez pour habitude de couvrir le dos de votre main gauche par la paume de la main droite et que vous vous surprenez à reproduire le geste inverse au cours d'un entretien, sachez qu'il s'agit d'un marqueur soma-tique (une alerte subconsciente) qui vous enjoint de ne pas vous engager ou de ne pas prendre de décision à l'emporte-pièce.

L'attraction de contrôle

Les antidépresseurs laminent la foi en soi en moins de quelques prises. La PNG vous propose un choix entre une médication clairement polluante pour l'équi-libre des humeurs ou *l'attraction de contrôle* pratiquée de une à trois fois par jour, totalement naturelle, gratuite et antidépressive. Comme je l'ai amplement évoqué dans mon ouvrage paru chez Flammarion, *Ces gestes qui vous changeront la vie*, l'attraction de contrôle est un exercice de rétraction musculaire qui se produit essentiellement quand les mains se sont font face, coudes en appui sur une table ou sur les accoudoirs d'un fauteuil. Cette rétraction est évidemment consécutive à l'écoute d'une fable idéomotrice.

Le verrou du tricot

Le verrou du tricot (doigts entrelacés) est aussi un stimulant de la foi dont ne se privent pas les croyants. Le geste de supplication, doigts entrecroisés est un code universel de la compassion.

Le verrou de la botte

Déjà évoqué, le verrou de la botte provoque une chute des affects, voire une indifférence affective, quand vous êtes en butte à la mauvaise foi d'un adversaire dans un débat, d'un harceleur au boulot, d'un proche récriminateur, etc. L'induction du verrou de la botte dévie l'attaque vers une sorte de Moi virtuel. C'est comme si les propos de votre interlocuteur s'adressaient à votre reflet dans le miroir.

Le verrou de la nuque

Il sert à renforcer la confiance en soi mais aussi à évacuer les préjugés qui vous empêchent de progresser et qui sont généralement véhiculés par vos proches ou vos collègues.

Le verrou du majeur, de l'annulaire et de l'auriculaire droits en extension cataleptique accompagné d'une mudra de l'index et du pouce est aussi un stimulant de la confiance en soi.

Les fiches techniques de ces verrous sont disponibles sur le site de l'École des gestes ainsi que les fables idéomotrices qui permettent de les maîtriser.

2ᵉ ingrédient : l'estime de soi

Comment redorer votre estime de soi pour ne pas céder au mépris de soi dans une société où l'image publique a plus d'importance que l'authenticité, cette cousine qu'on dit proche de la vérité ?

> « *Une mauvaise estime de soi est de plus en plus fréquente dans un monde où les exigences d'apparence sont de plus en plus grandes. Dans une société narcissique, les individus deviennent de plus en plus fragiles et ont besoin de se rassurer dans le regard des autres.* »
>
> Marie-France Hirigoyen

Le succès de Facebook et autres réseaux sociaux repose sur ce raisonnement. Ils rassurent les anonymes, les sortent de l'anonymat sans pour autant leur apporter l'estime de soi qu'ils en attendent. L'estime de soi est l'interface entre l'image intériorisée de votre Moi et le comburant qui lui permet de s'équilibrer. Ce comburant provient de la combinaison entre le regard des autres auquel Marie-France Hirigoyen fait référence et l'image de soi intériorisée. Mais ce sont d'abord les autres qui alimentent cette estime de soi tellement essentielle pour votre équilibre psychique. Les autres qui ne voient que votre image publique ou sociale, celle que vous montrez, et non celle que vous ressentez.

Témoignage

> « *Chaque fois que mon supérieur posait son regard sur moi, j'avais l'impression d'être prise en faute, coupable de je ne sais quelle turpitude. Je baissais systématiquement les yeux sur le clavier de mon ordinateur, l'esprit vide. On aurait dit que mes pensées étaient aspirées, que je n'étais plus qu'une poupée de chiffon sans âme. À force, je suis tombée en dépression et j'ai été arrêtée par le médecin. Je me suis enfermée chez moi pour ne pas croiser le regard de tous ces gens de mon quartier. Un regard lourd de reproches, me semblait-il.* »

Coupable d'être en arrêt maladie. Coupable d'exister.

Quelle est la différence entre l'image publique et l'image de soi ?

L'image publique est celle que les autres voient à travers les artifices qui améliorent l'image ordinaire qui vous dit bonjour chaque matin dans le miroir de votre salle de bains. Elle est donc généralement très différente de l'image que vous percevez de vous-même et qui est l'image de soi. Cette image sociale est forcément un reflet tronqué de l'image de soi dans la mesure où vous ne montrez jamais que votre côté jardin en société. Le côté cour reste à l'ombre.

Plus le fossé entre l'image de soi et l'image publique se creuse, plus vous sonnez faux. Par exemple, les personnes obèses qui ont réussi à retrouver une taille à peu près normale souffrent de cette distorsion entre l'image publique (en surpoids) et l'image idéale de soi (amaigrie). Ce qui justifie la règle suivante : avant de pouvoir transformer son apparence, il est impératif de refaire connaissance avec votre corps perdu de vue.

Votre estime de soi se fonde plus sur des paramètres affectifs que votre confiance en soi. Elle se construit dans votre aire cérébrale droite, dite aussi cerveau maternel. Ce qui nous conduit à penser que la mère est maîtresse de l'estime que vous accordez à votre ego. Si votre mère vous a gratifié, vous disposerez d'une estime de soi en ordre de marche. Si en revanche, vous avez été disqualifié(e) au profit d'un autre membre de la fratrie, par exemple, votre estime de soi sera en demande constante de reconnaissance pour combler un déficit affectif récurrent.

Témoignage

« *La grosse Myriam a fondu comme un chocolat glacé au soleil. Elle est méconnaissable et fière comme un paon de son nouveau look.*
Elle a dû passer d'une taille 50 à un 38. Parole ! Un miracle du régime machin ! Huit jours plus tard, l'ex-grosse Myriam a disparu des écrans. "Tu sais où elle se cache ?" Tout le monde se posait des questions. Un de nos potes l'a retrouvée dans une clinique où on la soignait pour une dépression nerveuse.
On ne change pas d'image publique sans y préparer l'image de soi. »

Exemple

La mère de Laura a avoué à sa fille, l'air désolé :
« *Écoute, ma chérie, nous nous sommes occupés du caveau familial. Malheureusement, il ne reste plus que deux places : une pour moi, une pour ton frère. On a pensé que ça t'était égal, à toi.* » *Quelle chance, la fille n'aura pas à supporter les disputes de famille post mortem. C'est toujours ça de gagné. Le rejet de Laura par sa mère est patent. Son cadavre n'est pas digne de figurer dans le caveau familial. Le message connoté est transparent : cette mère voudrait bien que sa fille s'éloigne ou disparaisse à jamais du couple qu'elle forme avec son fils chéri.*

Le Moi idéal

Votre *image publique* est une image construite à partir d'un statut, de votre fonction, de votre notoriété ou d'une réputation acquise. C'est la *persona* ! Dans nombre de professions, cette image publique est un fonds de commerce incontournable (avocat, médecin, professeur, ministre) parce qu'elle assure la crédibilité. Elle correspond rarement à l'image de soi dans la mesure où elle est destinée à promouvoir un « fonds de commerce ». Votre image publique est la plus idéale possible et largement éloignée de la réalité. Il arrive qu'elle soit à des lieues de votre véritable personnalité.

Votre *image de soi* est intéroceptive (perçue de l'intérieur) de votre Moi idéal à un âge idéal qui n'est pas en rapport avec votre âge réel. Vous pouvez être un honorable senior de 75 ans et avoir l'impression de vivre avec le climat mental d'un homme de 40 ans. Cette impression s'efface, évidemment, quand vous vous regardez dans un miroir. Le Moi idéal est une image de soi dépouillée de tous ses complexes, ses troubles ou ses handicaps. Une sorte de superhéros introspectif !

La notion d'image est essentielle pour comprendre l'importance stratégique que revêt le langage du corps en rapport avec l'estime de soi. Un sourire poli en réponse à l'inconnu qui vous demande un renseignement fait-il automatiquement de vous un individu convivial ? Certains refrains ou tics gestuels peuvent contredire votre pseudo-sourire, vos affirmations ou vos professions de foi. Le sourire se fige ou se désincarne face à l'hostilité ou l'indifférence de l'interlocuteur. Nous avons tous vécu ce genre d'expérience. Désagréable.

Plus le fossé entre l'image de soi et l'image publique se creuse, plus vous sonnez faux. L'image de soi se désaccorde, comme un instrument de musique.

Le respect du territoire

Le respect du territoire débute avec l'image que vous délivrez aux autres : le look, l'hygiène, le maquillage, le style, etc. Mais d'autres facteurs contribuent à alimenter l'estime de soi dont notamment le respect de l'environnement : lieu de vie, lieu de travail, lieu commun au groupe social ou professionnel auquel vous appartenez. La notion de territoire est entièrement subordonnée au niveau d'estime que vous vous accordez.

Exemple

« *J'ai rendu visite au maire d'une cité de banlieue connue pour ses débordements et le nombre impressionnant de ses voitures calcinées. Il m'a servi de guide dans un quartier un peu chaud de sa commune. La désolation des bâtiments, les carreaux cassés des halls d'entrée, les poubelles renversées sur les trottoirs ont suscité chez moi un sentiment d'effroi mitigé de révolte. J'étais en France et je m'imaginais être dans un quartier dévasté de Beyrouth en pleine guerre civile. Personne. Pas un chat dans les rues. Quelques visages dissimulés derrière des rideaux ou des vitres douteuses. "Tout ce quartier va être rasé, me dit le maire. On va reconstruire des logements neufs." Je ne voyais franchement pas l'intérêt d'abattre ces immeubles pourris, habités par le désespoir d'une population en latence dont les seules issues s'appellent chômage, RMI, RSA ou drogue. Nous avons tourné au bout d'une longue avenue bordée d'arbres rabougris. Un 4 × 4 noir de chez BMW, flambant neuf, était garé à cheval sur un trottoir décharné. 61 000 euros dans un quartier de merde et personne autour. On ne touche pas à la caisse du chef de la bande. Je suis sûr qu'elle n'était même pas fermée à clef. »*

Les dealers ont-ils une meilleure estime de soi que leurs (é)mules ? Sans aucun doute. La BM est propre et personne ne s'aviserait de l'approcher. Dans estime de soi, il y a aussi amour-propre, orgueil, fierté et surtout respect du territoire.

Le regard de l'autre

L'image que vous avez de vous-même est indiscutablement suspendue au caractère des pensées qui vous traversent l'esprit. Quand tout va mal, les pensées morbides ne permettent certainement pas à votre image publique de rayonner. L'influence nocive d'un entourage médiocre ou critique dégrade aussi cette image. Or cette fameuse image de soi est un capital essentiel en ce qu'elle est le moteur de l'image publique que vous projetez sur les autres.

> *John fréquente un bistrot de son quartier où il rencontre régulièrement une bande de potes. Les conversations roulent sur des sujets qui ne le branchent pas, mais il fait semblant pour ne pas être rejeté par le groupe. John a un diplôme de niveau bac + 6 (études scientifiques poussées en physico-chimie). Un secret qu'il n'a jamais avoué à ses potes de bistrot. Eux croient qu'il est fonctionnaire dans une obscure administration. Il bosse au CNRS. Mais John n'a aucune confiance en soi et une estime de soi déplorable. Il fréquente des personnes qui le tirent vers le bas parce qu'il a peur d'affronter ceux qui pourraient le tirer vers le haut.*

Il est facile, me direz-vous, d'avoir une bonne image de soi quand tout va bien. Détrompez-vous ! L'image de soi est toujours vulnérable du plus grand au plus petit, du plus célèbre au plus anonyme. Réussir sa vie, c'est à mon sens réussir à conserver une image de soi qualifiante envers et contre tout et non offrir une image publique, abritée sous les paillettes d'un succès aussi précaire que bling-bling, comme on dit aujourd'hui.

Pour mémoire, l'image de soi dépend toujours du regard des autres. Vous vivez en société et vous projetez vos sentiments à travers une image publique sur votre entourage. Vous avez besoin des autres « Moi » pour rassurer le Moi qui est en vous.

Exemple

> *Un homme séduisant vient à passer, vous l'observez avec un zeste de concupiscence dans le regard, mais lui vous ignore. Le regard d'une jolie femme croise le vôtre, mais elle détourne la tête pour vous effacer de son champ visuel. Un sentiment d'amertume vous envahit, l'espace d'un instant. Un instant seulement mais suffisant pour que votre estime de soi se sente blessée par cette marque d'indifférence.*

Les regards de convoitise sont mal perçus par autrui, car ils violent sa liberté de choisir. Le message porté par le regard est impitoyable pour l'ego de celui qui le reçoit. L'image publique débute au fond des pupilles. L'intensité du regard en est la pierre angulaire.

Dans le fond, l'image de soi, c'est l'image du Moi qui se regarde dans le miroir de l'autre. Et c'est de cette confrontation stratégique que naît ce que je nomme l'image publique qu'il faut toujours reprogrammer pour qu'elle demeure l'interface de l'image de soi.

Comment se servir de ses poches pour protéger son estime de soi ?

L'invention de la poche est aussi importante que celle de la roue pour l'homme.

« *Je suis en train d'animer un stage et je constate que ma main gauche est enfouie dans la poche correspondante, or je suis un affectif pur et dur. Ma créativité est en berne. J'ai beau changer de poche, le naturel revient au galop. Le fusible de mon cerveau droit est débranché. Je constate alors qu'il règne une atmosphère d'hostilité parmi les stagiaires : des commerciaux. Ils acceptent ma présence et mon propos du bout des lèvres. Mon exposé sur la communication non verbale les met mal à l'aise. Je suis manifestement infecté par le malaise ambiant et je m'embrouille dans mes explications. Je retire ma main gauche de ma poche pour sous-titrer mes propos des deux mains. L'atmosphère se modifie, car je pose quelques questions qui réveillent leur intérêt.* »

Les poches sont un facteur d'équilibre psycho-affectif important pour celui ou celle qui se tient debout face à un auditoire. Elles confortent aussi votre équilibre corporel. Le fait de cacher vos mains dans vos poches en public abaisse également votre taux d'agressivité et peut vous éviter d'exciter l'agressivité de vos auditeurs ou interlocuteurs.

Deux mains au repos

Ce type de dissimulation sera perçu par votre entourage comme un geste d'apaisement. Tous les éleveurs de chiens savent qu'il faut cacher ses mains dans ses poches si on veut éviter d'exciter les chiens hargneux.

Le chien voit-il ce geste ou ce geste génére-t-il une déviation ferro-hormonale de l'odeur que nous dégageons, diminuant du même coup le taux d'acidité de la transpiration ? La truffe du chien peut sentir un spectre d'odeurs beaucoup plus large que le nez humain, dont la richesse de nos odeurs corporelles qui ne sont que les traductions olfactives des sentiments qui nous animent.

Vous dissimulez vos mains dans vos poches à l'occasion, soit parce qu'il fait froid dehors, soit parce que vous percevez une agressivité verbale dans le discours de votre interlocuteur, soit parce que vous ressentez un malaise dans un contexte d'exception ou d'examen. Soit, encore et toujours, pour vous donner une contenance.

La main dans le sac

Ceci étant dit, il y a une énorme différence entre la main qui se réfugie par réflexe dans votre poche et le verrou de cette même main dans l'une des deux poches. Le verrou procède d'un automatisme idéomoteur programmé en PNG à l'aide d'une fable inductrice intitulée « La main dans le sac »… Si vous êtes affectif (pouce gauche dominant dans le tricot des doigts) vous avez tout intérêt à induire le verrou de la poche droite pour libérer votre imagination ou votre créativité. Si vous êtes cognitif (pouce dominant droit dans le tricot des doigts), il faudra songer à programmer le verrou de la poche gauche pour conforter votre esprit logique et votre capacité à vous affirmer. Je vous rappelle que le mécanisme de ces verrous est disponible dans les modules en ligne sur le site de l'École des gestes [1].

Un anti-stress gestuel

Si vous êtes placé en situation d'exception par un interlocuteur critique, vous chercherez automatiquement refuge dans vos poches pour abaisser instinctivement le niveau d'agressivité verbale dont vous êtes la cible (réaction animale). La main que vous glissez subrepticement dans votre poche vaut la cigarette que le fumeur glisse entre ses lèvres en cas de stress inopiné. Les poches sont des refuges contre le stress qui permettent à votre conscience de prendre du recul quand on vous met sous pression. Mais les poches sont aussi très utiles quand vous devez faire un effort de concentration, une autre situation de tension mentale. L'invention de la poche est aussi importante que celle de la roue pour les hommes et aussi pour les femmes, depuis qu'elles portent la culotte.

Même si toute notion de contrôle n'est pas absente du jeu, le fait de glisser une main dans une des deux poches

1. www.ecoledesgestes.com

de votre pantalon est en soi aussi réconfortant que de pouvoir vous asseoir pour soulager vos jambes. Vous remarquerez que vous ne glisserez jamais vos mains dans vos poches face à un supérieur hiérarchique qui vous passe un savon, face à un client récalcitrant que vous tentez de convaincre ou face à un gendarme qui vous verbalise.

Voyons d'abord le sens symbolique accordé aux poches gauche et droite sur le plan purement théorique.

La poche droite, anti-stress

Que vous soyez affectif ou cognitif [1], en enfouissant votre main droite dans la poche correspondante, vous débranchez votre cerveau gauche et vous offrez momentanément le premier rôle au cerveau droit. Le cerveau gauche (rationnel) est plutôt réactionnaire. Il n'aime pas trop le changement brusque ou la créativité imposée par le cerveau droit. Ce qui « est » a force de loi. Ce qui « sera » n'a pas encore voix au chapitre. Quant à ce qui « pourrait être », ne gaspillez pas votre salive à en parler. Tel est le cerveau gauche, branché en permanence sur la réalité objective du quotidien. Jeux de séduction, rêverie, période de détente après une situation de stress ou d'examen sont autant d'exemples de situations où l'esprit critique se détend et où la main droite disparaît souvent dans la poche du pantalon. Si j'enfouis ma main droite dans la poche de mon pantalon (en tant que droitier), c'est

---

1. Pour mémoire, je vous rappelle qu'un affectif croise le pouce gauche sur le droit dans la posture des doigts croisés et que le cognitif croise le pouce droit sur le gauche.

plutôt bon signe puisqu'il s'agit d'un geste marquant l'absence de stress et d'une ouverture émotionnelle ou affective.

En revanche, si je me surprends à enfouir systématiquement ma main gauche dans ma poche alors que je suis « affectif » (le pouce gauche domine dans le tricot des doigts), cela peut indiquer le symptôme d'un malaise *in situ*.

La poche gauche, contrôle de soi

Affectif ou cognitif, ce réflexe intervient globalement quand vous vous sentez dépassé ou désarçonné par le contexte ou les événements, et que vous avez peur de perdre votre contrôle émotionnel. Vous passez alors du camp psychoflexible (cerveau droit libéré) au camp psychorigide (cerveau droit enfermé). La main dans la poche de gauche est une main ennemie de l'expression des émotions, car elle est synonyme de contrôle de soi. En solitaire, si vous avez besoin de booster votre inspiration, la dissimulation de cette main bloque votre créativité.

Exemple

L'année dernière, j'ai observé un détail gestuel intéressant qui concernait Dominique Strauss-Kahn et Nicolas Sarkozy. Quand DSK a quitté le président sur le perron de l'Élysée, ils se sont serré la main. DSK a conservé sa main gauche dans la poche de son pantalon. L'horrible aveu !

Quand vous tendez la main droite pour serrer celle de votre hôte au moment de le quitter et que vous conservez votre main gauche dans la poche de votre pantalon, cette attitude indique que vous mettez vos émotions aux abris. Mais cela signifie surtout que vous ne maîtrisez pas la situation, contrairement à l'impression que vous souhaitez donner aux témoins de la scène (ici, la presse). Vous vous contrôlez, mais le contrôle n'est pas la maîtrise du jeu. Le problème de nos édiles politiques, c'est qu'ils n'accordent pas d'importance à leur gestuelle, un mode de communication non verbal qu'ils considèrent comme de la roupie de sansonnet.

Le choix de la poche suivant les circonstances

Dans certains contextes (non-anxiogènes), mettre l'une de ses mains à l'abri, c'est aussi privilégier l'une de vos aires cérébrales.

Le cerveau gauche quand la main gauche est dissimulée. Pourquoi ? Parce que la main gauche est l'équivalent symbolique du cerveau droit, déconnecté par la dissimulation de cette main ; ce faisant vous privilégiez votre capacité de jugement, votre sens critique, votre éloquence, votre capacité de réflexion, autant de capacités qui dépendent du cerveau gauche ici privilégié.

Quand votre main droite se dissimule dans la poche correspondante, vous coupez symboliquement l'alimentation du cerveau gauche et vous boostez les qualités qui dépendent du cerveau droit : imagination, créativité, sensibilité, émotion. Pourquoi ? Parce que la main dissimulée vous oblige à utiliser la main visible comme inductrice d'éloquence. Tout dépend du contexte, *a priori*.

Mais cette alternance n'est pas conseillée dans tous les cas de figure.

Affectif ou cognitif ?

L'affectif croise son pouce gauche sur le droit dans la posture du croisement des doigts. Le cognitif croise le pouce droit sur le gauche dans la même posture. Il s'agit de l'un des trois refrains gestuels invariables de la grammaire des gestes. Les deux autres sont le croisement des bras et l'oreille téléphonique.

En règle générale, j'ai pu constater que les affectifs sont plus « poche droite » et les cognitifs sont plus « poche gauche ». Ce qui me paraît assez logique. L'affectif qui dissimule sa main droite dans sa poche débranche le fusible du cerveau cognitif. Le cognitif qui dissimule sa main gauche débranche le fusible du cerveau affectif. Observez vos collègues, connaissant déjà leur mode de dynamique mentale (affectifs ou cognitifs, en fonction de la manière dont ils croisent les pouces), et mettez cette information en relation avec la poche qu'ils privilégient. Cette observation confirmera qu'ils sont en adéquation avec la situation qu'ils vivent, qu'il y a correspondance :

• pour l'affectif : entre la main enfouie dans la poche droite et le pouce gauche dominant ;

• pour le cognitif : entre la poche gauche et le pouce droit dominant.

La combinaison gestuelle poche-pouce

Revenons, si vous le voulez bien, sur cette double latéralité du pouce dominant dans le tricot des doigts et de la main libre, c'est-à-dire non enfouie dans la poche.

Évidemment, si vous n'avez pas pu repérer le profil dynamique (affectif ou cognitif) de votre interlocuteur, il vous sera malaisé d'appliquer la règle qui suit. En revanche, si vous êtes en situation d'autoscopie personnelle (en situation de recrutement ou d'examen), vous êtes évidemment le premier concerné. Vous connaissez votre profil dynamique (affectif ou cognitif), ce qui vous permet d'identifier immédiatement la météo de votre climat mental.

Vous êtes affectif, main droite glissée dans la poche

Le cerveau gauche est oblitéré et vous surcompensez votre cerveau droit (affectif). Vous êtes en phase avec votre profil et votre mode de communication naturel. Bonne pioche.

Vous êtes affectif, main gauche glissée dans la poche

Le cerveau droit est oblitéré et vous surcompensez le cerveau gauche (cognitif). Votre tentative de rationaliser votre discours risque de conduire vos arguments dans le mur. Vous n'êtes pas en phase dynamique avec le mode de communication dont vous usez habituellement. Mauvaise pioche.

Vous êtes cognitif, main droite glissée dans la poche

Vous êtes handicapé dans la mesure où votre aire cérébrale privilégiée (cerveau gauche) est coupée par la main droite enfouie dans la poche. Mauvaise pioche.

Vous êtes cognitif, main gauche glissée dans la poche

Vous surcompensez pour rationaliser votre discours. Bonne pioche.

Les mauvaises habitudes

Si vous êtes affectif et que vous avez l'habitude d'abriter votre main gauche dans votre poche, il ne faudra pas vous étonner que votre discours tombe à plat ou que vos arguments ne parviennent pas à convaincre. Cette mauvaise habitude vous signale gestuellement que vous multipliez les handicaps. Les mauvais communicants se trahissent de cette manière.

Si vous êtes fumeur et affectif, par exemple, évitez de tenir la cigarette dans la main droite tout en glissant votre main gauche dans la poche, et *vice versa*, si vous êtes fumeur et cognitif.

Pour les affectifs

La mauvaise pioche si vous êtes affectif : cigarette dans la main droite et main gauche dans la poche.

La bonne pioche si vous êtes affectif : cigarette dans la main gauche et main droite dans la poche.

Pour les cognitifs

La mauvaise pioche si vous êtes cognitif : cigarette dans la main gauche et main droite dans la poche.

La bonne pioche si vous êtes cognitif : cigarette dans la main gauche et main droite dans la poche.

Face à un public ou à un examinateur, la main dans la poche n'est jamais souhaitable. Elle trahit un niveau d'émotivité qui risque de vous déstabiliser au plus mauvais moment. Si malgré tout, vous vous surprenez à plonger l'une de vos mains dans ces poches si accueillantes, disciplinez-vous à les retirer immédiatement en situation d'examen. Vous avez besoin de vos deux mains pour soutenir gestuellement votre discours.

Les bonnes habitudes

En revanche, si vous devez séduire au sens large du terme, la main non dynamique dans la poche offre une image non agressive à votre cible.

Pour en finir… Je vous accorde que tout cela n'est pas élémentaire, mais vous êtes en mesure de vous coacher, sans aide extérieure, en consacrant une semaine entière à l'intégration de toutes ces données dans le cadre de votre vie courante. Le sujet idéal, c'est vous, en priorité. L'autoscopie permanente de ce refrain gestuel particulier va améliorer votre charisme aux yeux de vos collègues, de vos proches ou de vos supérieurs. Vous sentirez progressivement que leur attitude à votre égard se modifiera au prorata de votre maîtrise de ce refrain gestuel, somme toute, très banal. L'estime de soi est à ce prix.

Vous aurez la possibilité de relire les fiches techniques qui identifient les verrous idéomoteurs spécifiques de l'estime de soi sur le site.

La Programmation neuro-gestuelle repose sur des fables idéomotrices qui permettent de déprogrammer très efficacement les mauvaises habitudes. La poésie donne un rythme suggestif aux paroles que la prose ne parvient pas à reproduire, d'où le recours aux fables de développement personnel auxquelles je fais appel pour vous former à la PNG.

3ᵉ ingrédient : la chance

Maîtrise ou contrôle ?

En PNG (Programmation neuro-gestuelle), le mouvement de rotation interne des bras, en posture d'attraction de contrôle [1], est un rituel qui se produit chez la majorité des individus testés. Dans le contexte de la double contrainte idéomotrice, il représente la maîtrise de l'objectif visé ou exprimé. Énergie cinétique gérée par le système neuro-végétatif, l'attraction spontanée doit être obligatoirement freinée par votre volonté, opposant donc un refus musculaire à cette rotation interne. Ce refus représente le contrôle exercé par votre conscience et préfigure l'échec supposé du processus. Combat symbolique entre la foi et le doute qui s'inscrit en filigrane de tous les désirs humains, la *double contrainte idéomotrice* est un processus de renforcement de la motivation en même temps qu'un

---

1. Cette procédure est amplement décrite dans un ouvrage paru chez Flammarion et intitulé *Ces gestes qui vous changeront la vie*. Elle sert à évaluer le degré de réceptivité ou de lâcher-prise d'un individu.

canal énergétique roboratif pour stimuler votre confiance en soi. Mais c'est aussi et surtout un antidépresseur naturel largement plus efficace que tous les antidépresseurs vendus en pharmacie. Je développe mon raisonnement.

Si vous posez vos paumes face à face, coudes en appui, doigts écartés pour réaliser une attraction de contrôle, vos mains vont s'attirer l'une vers l'autre, poussées par un phénomène réflexe de rétraction musculaire des avant-bras.

La fable idéomotrice qui provoque cette attraction [1] sert de stimulant à votre motivation et à votre confiance en soi, deux aspects jumeaux d'une même énergie qui conditionnent vos chances dans la vie.

1. Voir les modules en ligne sur le site de l'École des gestes.

Toutes vos entreprises sont vouées à la réussite ou à l'échec. Occulter les facteurs non favorisants pour ne voir que ceux qui favorisent la réussite est une démarche puérile dont l'issue mène droit à l'échec. De la même manière, une psychothérapie qui n'envisagerait que la délivrance d'un trouble, sans tenir compte des résistances inconscientes, des mécanismes de refus ou des bénéfices secondaires qui s'associent à ce trouble, est aussi vouée à l'échec. Le mieux souhaité par votre conscience est toujours l'ennemi du bien institutionnalisé par votre Surmoi, qui est un Moi figé comparativement au Moi dynamique.

Votre ensemble corps-esprit est en constant rééquilibrage. Il entérine toutes les données, les acquis ou les conduites dont il s'imprègne et réorganise le tout en rapport avec l'économie fonctionnelle de l'ensemble qui vous constitue. Chacune de vos actions conforte ou affaiblit votre confiance en soi. Curieusement, les énergies positives que vous souhaitez accueillir en vous doivent faire antichambre avant d'être acceptées tandis que les énergies négatives franchissent la frontière sans passe-droit. N'est-il pas plus confortable d'entasser la vaisselle sale dans l'évier que de laver automatiquement les plats et les couverts utilisés ?

La maîtrise de l'attraction de contrôle ou rotation interne des bras est un art. Art de l'écoute de soi, de l'observation endogène, de la patience et de l'objectivité face à la lenteur du processus. L'attraction de contrôle vous apprend à refuser la méfiance en soi et le doute inutile. Elle ouvre également une voie concrète à l'énergie prioritaire qui vous anime, celle qui construit votre présent en fonction de votre avenir. L'énergie en question, impliquée dans un objectif prioritaire sans référence à son aboutissement, entraîne inéluctablement la réussite de cet objectif et booste automatiquement votre confiance en soi, qui est, je vous le rappelle, l'antidote majeur des états dépressifs.

La déprime et les 3 Moi !

Prenons justement le cas de la déprime ! Chacun sait que la dépression ronge les énergies vitales jusqu'à les réduire à leur plus simple expression. Le dépressif en crise s'auto-déprécie et vit en permanence dans un délabrement affectif profond. Il s'exclut en quelque sorte de son propre Moi dynamique (le Moi qui agit), surinvestissant son Moi psychique (le Moi qui pense) désorganisé par des conflits insolubles. La multiplication des dysfonctionnements neuro-végétatifs accompagne très souvent cet état, occultant aux yeux du sujet la racine effective de son mal : la carence énergétique majeure sur tous les plans.

En PNG, quelle que soit l'origine psychotraumatique qui justifie cet état, le problème posé peut être traité sans référence à cette origine. Le vrai dépressif est parfaitement incapable d'obtenir un verrou oculaire lui permettant d'accéder à la maîtrise idéomotrice de son corps. Or, sans ce verrou, il ne peut espérer se sortir du placard dans lequel la dépression l'a relégué. J'ai longtemps buté sur ce problème dans le cadre de ma pratique de la PNG. L'attraction de contrôle idéomotrice s'est imposée comme le seul canal énergétique susceptible de combattre la carence énergétique majeure chez les dépressifs réactionnels ou chroniques. Cette posture est en effet accessible à toute personne adulte sans préalable. Il suffit d'induire explicitement le sujet au moyen de la fable inductrice de l'attraction de contrôle enregistrée [1].

L'attraction de contrôle est un excellent instrument d'évaluation, sachant que l'équilibre psychosomatique se situe à 180 secondes d'attraction [2]. Si vous voulez mesurer l'évolution d'une tumeur cancéreuse sous traitement, l'ATCON peut vous offrir une estimation plus fiable que le PSA dans le cas du cancer de la prostate. Comment ?

Obligation préalable : vous devez maîtriser le verrou oculaire pour réaliser ce genre d'estimation. Mais imaginons que ce soit le cas. Vous devez vous mettre en position d'attraction, mains face à face, après avoir lancé votre chronomètre. Induction du verrou oculaire dans la foulée. À l'écoute de vos bras, dès que vous ressentirez un mouvement de convergence, il faudra appliquer la règle de la double contrainte, ce qui signifie que vous devrez résister volontairement à cette convergence neuromusculaire. Si vous obtenez 289 secondes d'attraction pour votre évaluation, il vous suffira de diviser le temps d'ataraxie (180 secondes) par le temps d'attraction pour obtenir le pourcentage d'évolution favorable de votre affection, soit ici 62 %. Cette évaluation vous confirmera donc que votre tumeur est en voie de régression.

Pour évaluer votre niveau de confiance en soi, vous devrez procéder de la même manière. Dans le contexte de la posture de la double contrainte idéomotrice, le

1. Voir les modules en ligne sur le site de l'École des gestes.
2. Soit la durée de l'attraction ou le temps que mettent les mains à se rejoindre spontanément.

degré en positivité se traduit toujours par une force d'attraction progressive entre les deux paumes en opposition. La négativité est représentée par votre capacité à écarter volontairement vos mains l'une de l'autre quand vous ressentirez leur rapprochement. Comme vous vous interdisez d'ouvrir les yeux jusqu'à l'issue de la procédure (si vous ne maîtrisez pas le verrou oculaire), vous ne pourrez pas écarter délibérément vos bras au-delà d'un angle de 90° par rapport au support sur lequel vous avez posé vos coudes. Cet angle représente votre point de départ.

L'amplification d'une attitude ou d'une énergie négative génère toujours le refoulement de son contraire par compensation. En quelque sorte, plus vous refusez le bénéfice de la résolution d'un rêve et plus ce rêve se naturalise en besoin. Or, l'énergie du besoin est pulsionnelle, c'est-à-dire irrésistible. J'ai constaté avec l'expérience que le point de rupture entre l'énergie de refus, reposant sur la volonté consciente du sujet, et l'énergie pulsionnelle (idéomotrice) du besoin se situe au niveau de la largeur faciale. Quand les mains parviennent au point facial (largeur du visage), la capacité de résistance du sujet faiblit, cédant le pas à l'énergie prioritaire jusqu'au contrat digital final. La confiance en soi évacue le doute.

La dynamisation des conduites socio-affectives est un gage de réussite dans la vie. On ne peut exprimer ce dynamisme sans maîtriser l'une des trois énergies qui correspond idéalement à nos besoins prioritaires : maîtrise de soi, estime de soi et confiance en soi. Pour que la chance vous accompagne dans l'existence, il faut en capturer les effluves, c'est-à-dire l'énergie qui la supporte. Et cette énergie est en chacun de nous. Qu'on la nomme confiance en soi ou estime de soi, maîtrise de soi ou, en résumé, les trois énergies qui animent la motivation. Chacun de ces sentiments soutient l'organisation de votre personnalité sans préséance particulière. Ce qu'on nomme la chance dépend du niveau d'énergie investi dans les deux premiers ingrédients qui alimentent votre personnalité : estime de soi et confiance en soi.

Le verrou idéomoteur de la chance

Il ne s'agit pas d'un verrou à proprement parler mais d'une transe décharge du nez induite par la fable idéomotrice spécifique dont je vous livre le texte ci-dessous. La focalisation sur votre nez à l'écoute de la fable qui suit va entraîner une série de réactions spasmodiques du système nerveux périphérique, réactions qui provoque parfois des fous rires à cause des grimaces qui s'impriment sur votre visage, grimace que vous ressentez sans les voir puisque vos paupières sont closes. Comment une série de tics incontrôlés peuvent-ils stimuler l'énergie de la chance ? Tout bêtement parce que vous acceptez de laisser la gouvernance à votre système nerveux périphérique ou neuro-végétatif. Vous acceptez d'être mu par une force qui vous appartient, mais qui ne peut se manifester si vous tenez à la contrôler.

La fable du nez

Le nez est le siège du savoir-faire, du flair et le premier acteur d'un visage mobile. C'est aussi, et par définition, la fable de la chance.

Les individus auxquels tout réussit ont un nez très expressif. *A contrario*, ceux qui se coltinent des échecs en série ont un nez inerte. Mais peut-être qu'il suffirait de réveiller ce nez inerte pour que la réussite entre discrètement dans votre vie. Car un nez qui bouge et qui s'exprime est hypnotique pour l'interlocuteur qui vous trouvera soudain plus sympathique, sans se demander ce qui a provoqué ce sentiment.

Pour ouvrir la fable du nez, il est indispensable de réciter la formule magique suivante !

Je m'autorise à faire ce que je suis
Et à être ce que je fais
Pour tenir le premier rôle dans ma vie
Et que ma chance se transforme en énergie.

Au fil de la fable que je vais vous réciter,
Vos paupières vont se souder,

Se verrouiller comme des volets de fer
Qu'on descend le soir avant de se coucher
Comme pour se calfeutrer dans son repaire.

Et maintenant ouvrez délicatement la porte du nez
Et surtout, n'oubliez pas de refermer derrière
Car votre nez déteste les courants d'air,
Tout petit déjà, il avait peur de s'enrhumer.

L'énergie qui y circule et l'influence
Habite ces deux naseaux si étroits.
Telle une fée ou un elfe, elle vous reçoit
Dans ce royaume de la confiance
Là où naissent les effluves de la chance.

Il y a une chose essentielle que vous devez savoir,
Que personne ne vous a jamais avoué :
Le nez est le gardien de toutes vos victoires
Et la pipelette de tous vos actes manqués.

Un nez peut être vilain, crochu,
Aquilin ou bossu, camard ou camus
Et devenir sublime d'y avoir cru.
Nez de Cyrano qu'on fabrique à Bergerac ;
Nez de charité qui se fout de l'hôpital ;
Nez bouché chronique de l'hypocondriaque ;
Sa forme dépend avant tout...
Des humeurs qui squattent votre mental

Un beau nez peut soudain se faner
Ou se ratatiner d'avoir trop échoué.
L'appendice qui trône au milieu de votre visage,
Ce morceau de chair, cette belle image
N'est pas qu'une protubérance esthétique
Née du hasard des croisements génétiques.

Décoration immobile d'un visage qui vieillit,
Le nez n'est pas une légion d'honneur
Mais le témoin n° 1 de tous vos bonheurs
Ou le procureur de la somme de vos malheurs.

Un nez endormi doit être réveillé à tout prix,
Au besoin par des chatouillis.
Un nez toujours enrhumé
S'asséchera s'il est bien aimé
Par l'autre nez qui lui tient compagnie.
Un nez pincé palpitera comme un papillon
S'il réapprend à rire pour de bon !!!

On peut toujours changer de nez
Mais on ne change pas de chance.
Car votre nez est l'héritier de la Providence,
Votre pire ennemi ou votre meilleur allié.
C'est dire que votre nez est d'importance,
Le premier ornement de votre apparence
Et celui qui lui fait son lit pour la vie.

Si vous voulez vivre en harmonie avec votre nez,
Donnez-lui la possibilité de s'exprimer
Sans essayer en permanence de le contrôler.

Ses ailes doivent s'épater ou s'épanouir,
Sa pointe se décrisper ou se retrousser,
Sa racine froncer ou s'enfoncer
Et ses muqueuses se rafraîchir.

Votre nez souffre de cette fâcheuse immobilité
Qui l'empêche d'exprimer ses états d'âme
Un peu comme un feu qui aurait perdu sa flamme
Et consume ses braises sans passion et sans fierté.

Un nez dont les narines palpitantes frémissent
Est un nez qui respire du désir les prémices
Et savoure le plaisir de s'aérer
Au nectar d'une existence comblée.

Ne croyez pas que votre nez est ce qu'il est
Et le restera toute votre vie comme un monogramme.
Si vous ne lui accordez pas l'attention qu'il réclame
Il vieillira mal et perdra tout son charme
Pour vous punir de l'avoir trouvé laid.

Le nez le plus affreux
Peut devenir superbe et serein
Si le visage qui lui sert d'écrin
Accepte de jouer le jeu.

Le nez le plus fin, le plus pur, le plus parfait
Passera inaperçu dans un visage triste ou défait.
La vitrine, comme toujours, met en valeur le point de mire,
Et la bouche et les joues et l'éclat des yeux
Épousent le nez pour le meilleur et pour le pire.

On peut épiloguer jusqu'à la Saint-Sylvestre
Sur les qualités ou les défauts de votre nez.
S'il n'a plus d'énergie de reste,
S'il fait le mort et refuse de bouger,
Il faudra retourner au début du parcours
Et répéter la formule magique
Jusqu'à ce qu'il sente votre amour
Et vous réponde de manière
Un tant soit peu plus tonique.

Je m'autorise à faire ce que je suis
Et à être ce que je fais
Pour tenir le premier rôle dans ma vie
Et que ma chance se transforme en énergie.

Plus il s'exprimera, plus il fera sa métamorphose
Et se remodèlera aux formes de votre visage.
Car il faut en vérité tellement peu de choses
Pour qu'un nez devienne beau comme l'image
D'un bouquet de 18 printemps et autant de roses.

Il n'existe pas de différence notoire
Entre un nez et le reste du corps
Qu'il est du reste aisé de remodeler.
Ne suffit-il pas de l'exercer à l'effort,
De le pousser à faire du sport
Pour modifier le cours de son histoire ?

Un nez aussi peut être déprimé, anxieux ou stressé.
Il ne suffit pas de le poudrer pour l'empêcher de briller.

Si ce nez qui trône ostensiblement
Au milieu de votre visage n'était qu'un artifice
À sa fonction respiratoire suffirait deux orifices.
Mais voilà, il sert aussi d'ornement
Et fait partie de l'harmonie de votre visage.
Il en est le nombril, le premier complice.
Il offre à sa beauté son véritable gage.

Le nez respire, soit,
Mais il sert aussi à sentir
Et à classer les odeurs du présent et du passé.
Et quand la bouche a trop fumé,
Le nez n'est plus capable de l'avertir
De la pestilence subtile d'un rot avarié

Nez de porcelaine,
Si fragile et si fort à la fois
Nez qui aspire l'oxygène
Ou inspire l'artiste qui le voit ;
Nez froid quand le corps a chaud ;

104

Nez chaud quand le cœur est transi de froid ;
Votre nez aussi utile qu'indispensable
À l'équilibre thermique de vos énergies vitales
Et il est aussi la porte inévitable
De vos désirs sexuels aux ardeurs cannibales

Un nez inerte paralyse l'expressivité du visage
Et momifie le talent d'aimer ou de s'investir ;
Un nez qui bouge est comme un coquillage
Qui s'ouvre et se referme sans discontinuer
Au gré des marées de votre sensualité.

Mais si votre nez refuse de bouger
Il ne faut pas vous décourager.
Soit, il est beau et séduit votre miroir ;
Soit, il est triste de vous déplaire ;
Soit, votre mépris le met en colère.
Rappelez-vous qu'il est le témoin de tous vos déboires
Alors qu'il se rêve en champion de toutes vos victoires

Si vous souhaitez changer de tête
Arracher le masque de carnaval
Qui vous décoiffe le moral.
Commencez donc par laisser votre nez s'exprimer
Et cessez une fois pour toutes de le contrôler.

Et répétez-vous mentalement le quatrain magique autant de fois que vous le désirez :

Je m'autorise à faire ce que je suis
Et à être ce que je fais
Pour tenir le premier rôle dans ma vie
Et que ma chance se transforme en énergie

Épilogue

Je vous laisse donc en compagnie de votre nez.

Vos paupières s'ouvriront spontanément si vous n'avez rien ressenti de particulier.

Mais si vous avez eu la chance de sentir votre nez s'exprimer et qu'il bouge encore, spontanément...

Alors... surtout... surtout n'essayez pas de forcer l'ouverture de vos paupières.

Laissez-le faire jusqu'à ce que vos yeux s'ouvrent spontanément.

Notez le temps de votre transe décharge faciale dans un petit carnet, car vous devrez en faire une par jour pour transformer vos essais.

Vous pouvez aussi décompter de 3 à 0 pour interrompre cette induction si vous n'avez pas téléchargé cette fable idéomotrice en boucle sur un MP3, sur votre iPod ou gravé sur un CD [1].

J'ai récité cette fable à maintes reprises avec des groupes de stagiaires, l'effet est garanti et les conséquences qui en découlent aussi. Le nez n'est pas considéré comme le siège du flair sans de bonnes raisons. Le nez respire, mais il inspire aussi au sens connoté du verbe comme je l'évoque dans la fable idéomotrice. Les individus qui n'aiment pas leur nez se le font refaire par un plasticien. On peut comprendre la démarche dans certains cas de figure mais généralement cette rhinoplastie fait suite à une blessure narcissique exagérée ou un caprice sans véritable nécessité. L'opération fige le

---

1. La fable du nez est disponible sur le site de l'École des gestes.

nez et handicape l'individu dans sa vie. Il s'est fait refaire un nez sur mesure mais pas une existence à la mesure de ses espoirs. Paradoxalement, le nez se fige et l'énergie de la chance le quitte pour aller sévir ailleurs.

4ᵉ ingrédient : l'empathie

C'est quoi l'empathie ?

> « *Ils tirent d'eux-mêmes la connaissance des autres. Ils ont l'intuition juste.* »
>
> Jean Fourastié (1907-1990)

Empathie rime avec *sympathie* ou *antipathie*, des pulsions affectives qui ne sont pas filtrées, en principe, par le cerveau cognitif (cerveau gauche). La sensation ou l'impression sont des émotions traduites par un comportement d'adhésion ou de rejet parfaitement épidermique, mais qui peut également s'analyser sur le plan gestuel. En effet, l'empathie repose bien souvent sur la *compatibilité émotionnelle interindividuelle*, ou entre un individu et une situation donnée, ou encore entre un individu et un objet auquel il s'identifie.

C'est sur ce principe de compatibilité que repose la théorie des profils [1].

---

1. Voir sur www.joseph-messinger.fr

Mais l'empathie conduit souvent à un abus d'interprétation, comme le rappelle Daniel Goleman : « Le seul fait d'observer l'univers des sentiments exerce un effet bien connu en physique quantique : il modifie ce qui est observé. » L'impression est un sentiment à géométrie variable, une sorte de mirage dans le désert.

Ainsi que l'ai déjà évoqué dans un ouvrage précédent [1], l'empathie… ou la capacité de ressentir ce que ressent celui qui est en face de vous est une qualité typiquement féminine. Certains hommes en sont également dotés. Les femmes expriment plus facilement ce qu'elles éprouvent et perçoivent davantage ce que l'autre ressent. Elles ne sont pas plus émotives, mais communiquent mieux leurs émotions. Les femmes sont plus réceptives que les messieurs à la dimension non verbale du langage. Elles interprètent naturellement les mimiques du visage et toutes leurs nuances sans même s'en rendre compte. Le sens de la communication *largo sensu* est une aptitude plus féminine que masculine. C'est une question de dosage entre la production de testostérone et celle de progestérone. Moins d'agressivité signifie plus de communication, ce qui vous paraîtra logique. Quand il n'y a plus de dialogue entre deux adversaires, la manière forte remplace les mots.

Le point de vue biologique

J'écrivais aussi dans le même ouvrage déjà cité que les sentiments de sympathie ou d'antipathie dépendent

1. *Ces gestes qui vous changeront la vie* (Flammarion, 2010).

essentiellement de l'amygdale du cerveau. Le néocortex, qui n'est qu'un outil cérébral non affectif de reconnaissance, est court-circuité lorsque naît le sentiment d'antipathie ou de sympathie. Nous sommes en présence de pulsions attractives ou répulsives purement animales.

Le fait de *croiser les jambes* est une traduction typique de ces conduites antagonistes. Pour mémoire, et selon la théorie que j'ai développée, quand un homme droitier croise la jambe droite sur la gauche, il est branché sur le mode « sympathie » ou attractif. S'il croise la jambe gauche sur la droite, il bascule sur le mode « antipathie » ou répulsif. Au cours d'un entretien, les deux modes peuvent alterner si la compatibilité émotionnelle entre les deux personnes en présence est conflictuelle ou hostile. Pour les femmes droitières, c'est l'inverse, le croisement de la jambe gauche sur la droite est attractif (en gros, mode sympathie), et la jambe droite couvrant la gauche indique un basculement en mode répulsif (en gros, mode antipathie). Pour les gauchers, il faut inverser les données évoquées. Voilà, sommairement, un moyen idéal de juger du niveau de sympathie/empathie qui réunit ou sépare deux ou plusieurs individus.

Exemple

> *« Quand j'ai annoncé à ma future ex-amie que je souhaitais prendre de la distance, elle a croisé automatiquement les jambes sur le mode répulsif (droite sur gauche). »*

Dans les stages que j'ai animés, je pouvais repérer les stagiaires peu motivés ou en recherche d'un conflit avec l'autorité en observant leurs jeux de jambes ou de chevilles. C'est un véritable postulat qui est généralement nié par ceux qui reproduisent les croisements répulsifs, mais jamais par ceux ou celles qui croisent sur le mode attractif. Comme c'est bizarre…

Récemment, au cours d'une réunion de travail avec un couple de formateurs éminemment sympathiques et très motivés par la PNG, je me suis surpris en mode de croisement psychorigide des chevilles alors que j'adopte généralement le mode psychoflexible (cheville gauche sur droite). J'ai aussitôt constaté que ma posture des mains en couverture était inversée par rapport au refrain gestuel invariable que je reproduis systématiquement ma main droite couvre la gauche. Comme par un fait étrange, c'est à ce moment-là, ou un peu après, que l'un des formateurs s'est mis à critiquer la qualité de mon site Internet, en insistant lourdement sur ma mauvaise communication. Il faut dire qu'il utilisait un jargon propre à son milieu de formateur et je n'ai donc pas tout compris. Je n'ai pas donné suite. C'eut été trahir le service rendu par mon intelligence corporelle ou sociale qui, par le truchement de mon corps, m'a averti d'une attitude contradictoire de la part de mon interlocuteur. Il se disait intéressé par la PNG mais dans son discours, il critiquait ma communication sur Internet.

J'ai pu évaluer, dans une étude gestuelle de terrain, que *l'intelligence sociale ou interpersonnelle* de la population féminine se monte à 34 % de la population féminine globale contre 27 % pour la population masculine. Une différence de 7 points qui est considérable. Ce type d'intelligence est l'un des fondements de l'empathie. Les personnes douées de ce type d'intelligence sont aussi très attirées par toutes les formes de culture et/ou les domaines socioculturels, ce qui explique pourquoi 80 % des lecteurs sont des lectrices, sans se référer aux professions culturelles ou d'éducation qui comptent une majorité de femmes.

Décryptez votre empathie

Si vous croisez le pouce gauche sur le droit dans le tricot des doigts et si vous écoutez votre correspondant de l'oreille droite au téléphone, alors, oui, vous êtes peut-être doué (sans le savoir) d'une intelligence empathique.

Le terme « empathie » provient du grec *empatheia*, voulant dire « sentir intérieurement », terme utilisé à l'origine par les théoriciens de l'esthétique pour désigner la capacité de percevoir l'expérience subjective d'une autre personne. L'enfant qui dispose de ce type d'intelligence sera le seul à remarquer la chute d'un camarade et à essayer de le réconforter, même si c'est seulement en lui frottant le genou. Ce geste anodin révèle une aptitude psychologique essentielle pour entretenir des rapports étroits, que ce soit dans le mariage, l'amitié ou les affaires. L'intelligence interpersonnelle, ou empathie, se répartit en quatre aptitudes :

L'aptitude à organiser des groupes

C'est la capacité première du chef de clan. Elle consiste à savoir amorcer et coordonner les efforts d'un réseau d'individus. C'est le talent dont font preuve les metteurs en scène, les chefs militaires et les directeurs commerciaux ou les chefs de vente, les leaders politiques, etc. Elle débouche sur la délégation de pouvoirs.

La capacité à négocier des solutions

C'est le talent d'arbitrage, celui qui permet de prévenir les conflits ou de les résoudre. Les personnes possédant cette aptitude excellent à négocier des arrangements, à arbitrer les différends ; on les trouve souvent dans les carrières diplomatiques, syndicales ou juridiques, elles sont capables de servir d'intermédiaires et sont d'excellents médiateurs.

La capacité à établir des relations personnelles

Un talent qui permet d'identifier les sentiments et les préoccupations des autres pour y répondre de manière appropriée – c'est tout l'art des relations personnelles. Ils savent en général déchiffrer les émotions et sont les préférés de leurs camarades. Leur disponibilité se conjugue à une capacité d'écoute massive.

La capacité d'analyse sociale

L'analyse sociale consiste dans le fait de percevoir les sentiments, les motivations et les préoccupations des autres. Elle passe par le questionnement. Cette compréhension permet une plus grande intimité et procure un sentiment de sympathie. Le refus de se comparer mentalement est la pierre angulaire de cette capacité. Il est en effet difficile d'analyser un phénomène social ou psychologique, si vous vous projetez sur l'autre ou sur le groupe.

Si vous êtes doué d'une intelligence sociale ou inter-personnelle, vous existez à travers le groupe. Extraverti et affectif, vous avez besoin des autres pour vous épanouir. La société est votre univers de prédilection ; et l'intelligence interpersonnelle, le coach de votre empathie.

Idéalistes et *Tribaux* sont les deux profils génériques qui appartiennent à cette famille gestuelle et dont vous faites peut-être partie, mais l'intelligence interperson-nelle déborde largement ces deux profils. En quelques mots, votre sensibilité est tournée vers l'extérieur, c'est-à-dire en direction des autres.

L'empathie : la 4ᵉ dimension de l'intelligence

Comment pouvez-vous percevoir ce qui se trame dans la tête ou dans le cœur de l'autre ?

Faire toucher du doigt ; mettre le doigt sur… ; mon petit doigt me dit que… ; savoir sur le bout des doigts ; être à deux doigts de tout deviner.

Les locutions idiomatiques digitales se bousculent au portillon pour ouvrir la voie à l'empathie ou à la science infuse. L'empathie est une sensibilité quasi photographique aux sentiments qui animent vos interlocuteurs, cette sensibilité est le fondement de ce qu'on nomme aujourd'hui l'intelligence interpersonnelle ou émotionnelle. Elle transite par les marqueurs somatiques ou réactions idéomotrices de votre corps, comme je l'ai illustré.

Dès la naissance…

Les bébés montrent dès leur naissance des comportements émotionnels spécifiques, différents et bien marqués suivant leur sexe. Âgée de quelques heures, une petite fille manifestera déjà une grande réceptivité aux émotions de son entourage immédiat. Elle sera sensible aux pleurs d'un autre bébé alors qu'un garçon n'y prêtera aucune attention. En définitive, les femmes expriment plus facilement ce qu'elles éprouvent et perçoivent davantage ce que l'autre ressent. Elles ne sont pas plus émotives, mais communiquent mieux leurs émotions. Le sens de la communication *largo sensu* est donc une aptitude plus féminine que masculine ; et l'empathie, une qualité transmise par la mère.

116

Les fillettes d'à peine deux ans préfèrent les livres aux jouets. Elles adorent qu'on leur lise des histoires, ce qui n'est pas le cas de la majorité des petits garçons du même âge.

La première qualité du psy

Ressentir, c'est sentir deux fois plus fort !

Si l'empathie était une qualité incontournable pour accéder aux sciences humaines, une majorité des futurs psychologues serait recalée. Les psychothérapeutes ou psychanalystes qui exercent leur pratique dans le privé sont beaucoup plus réceptifs à la détresse de leurs patients que les chercheurs en ressources humaines ou les psys enrôlés par l'Académie. Il faut dire, à la décharge de ces derniers, que l'enseignement académique de la psychologie est totalement déconnecté de la réalité du terrain. Heureusement, il existe des médecins ou des psychothérapeutes pour réconcilier le public avec le bon sens sur lequel s'appuie la psychologie, hors des enceintes académiques dans lesquelles l'hermétisme intellectuel est de rigueur. Plus les textes sont abscons, indéchiffrables et énigmatiques, plus les tenants de la psychologie académique s'enferment dans une tour d'ivoire qui les coupe des réalités de la souffrance humaine. Or il faut avoir autant d'imagination que la souffrance pour pouvoir la combattre efficacement. Ceci me paraît tomber sous le sens.

L'inconscient collectif

L'inconscient collectif décrit par Jung ne serait-il qu'une vue d'un esprit spéculatif ?

Il me semble évident qu'une forme de communion non consciente existe entre les individus à leur insu. Une sorte de para-communion qui s'apparente à de l'empathie. L'empathie échappe totalement à l'entendement de l'esprit conscient, sa codification pourrait être éventuellement chimique ou électrique. On sait que cette manière de communication prévaut dans les relations entre les insectes. L'empathie n'est pas un phénomène imaginaire. Sa réalité ne peut être prouvée qu'empiriquement dans la mesure où les modes de communication auxquels elle a recours ne reposent pas sur l'usage du langage verbal, en revanche la gestuelle en est une des manifestations décodables.

Quel rapport avec la confiance en soi ?

L'empathie appartient à la grande famille du sixième sens. Elle serait, à ce titre, l'une des héritières de l'instinct du chasseur inscrit dans nos gènes. De nombreux ouvrages lui ont été consacrés, du plus fantaisiste au plus rigoureux. Je vous renvoie sur le Net, où vous comprendrez pourquoi l'Homme a perdu sa foi en l'Humanité alors que les animaux sont encore capables de transgresser les races pour offrir leur tendresse à d'autres animaux. Pour saisir le sens de l'empathie je vous recommande de visionner sur YouTube le film intiulé : « Définition de l'empathie ».

Cependant, peu de ces monographies ne se sont aventurées à décrire le phénomène en tant qu'attribut de l'inconscient collectif. Pour la majorité des auteurs, l'empathie demeure un substitut des TELECOM grâce à laquelle on communique de cerveau à cerveau par le truchement de dessins symboliques imprimés sur des cartes à jouer, les taux de réussite ou d'échec variant selon le degré de sensibilité perceptive des sujets d'expérience choisis. Il y a confusion entre l'empathie et la télépathie dans l'esprit du public.

Doit-on croire ou rejeter l'empathie comme l'un des fantasmes de l'imagination collective ? Il est bien plus fascinant d'en expérimenter les effets subjectifs sans *a priori*. Car l'empathie n'est pas qu'une hypothèse, vous la vivez au quotidien sans y prêter la moindre attention.

Plus le niveau de votre confiance en soi émerge dans votre ressenti, plus vous êtes branché sur cette faculté qui vous permet d'augmenter les performances de votre intuition ou de votre flair, donc de vos chances dans la vie.

Le creuset de l'intuition

Depuis le nourrisson qui s'étrangle silencieusement dans ses draps et dont la maman se réveille soudainement en proie à un sentiment funeste, en passant par certains rêves dits prémonitoires dont l'action se déroule en temps réel à des milliers de kilomètres du dormeur, l'empathie est là sous vos yeux. Que dire des rencontres fortuites au coin d'une rue avec l'ami oublié depuis une décennie qui déboule dans vos pieds pile au moment où vous évoquiez son souvenir, sans compter les prières adressées aux dieux et qui parviennent dans l'inconscient collectif de ceux qui pourraient bien vous aider à exaucer votre souhait le plus cher... Ce qui est une vision mécréante du point de vue des religions.

J'y ajouterai la personne injoignable au téléphone sur laquelle vous tombez inopinément au moment le plus opportun. Personnellement, quand je ressens un bon équilibre entre les deux ingrédients de mon équilibre psychologique (estime de soi et confiance en soi), j'enregistre un meilleur taux de coups de fil utiles. Dans cette démarche particulière, j'utilise toujours mon questionnement idéomoteur [1] avant de décrocher mon téléphone. Si le marqueur somatique me prévient que je ferai chou blanc, je laisse tomber. Si j'obtiens une réponse positive, j'attaque. Dans huit cas sur dix, j'ai mon correspondant au bout du fil. Le marqueur en question s'opère en utilisant le questionnement idéomoteur palpébral dont j'explique sommairement le fonctionnement dans l'introduction de ce livre.

À ces quelques exemples tirés du quotidien s'ajoutent d'autres plus éloquents encore, tel le savant qui découvre un nouveau procédé dans le secret de son laboratoire et qui se voit coiffé sur le poteau par un confrère inconnu à des milliers de kilomètres de là. Nulle trace d'espionnage scientifique, ils ont eu la même idée au même moment sans se concerter.

L'empathie appartient au registre de votre intuition. La différence qui les sépare tient uniquement à l'élément temporel. Une intuition ne concerne jamais la

1. Je vous renvoie à *Ces gestes qui vous changeront la vie* (Flammarion, 2010).

vision d'un futur possible qui n'a pas encore été élaboré. Votre empathie s'adresse consciemment ou non à des sujets ou des objets existants dans des espaces différents au même instant. Elle ne peut que spéculer, comme c'est le cas pour le flair ou l'intuition.

- Un seul frein : l'anxiété.
- Un seul accélérateur : le lâcher-prise.

Si on considère que la notion de prise est associée au tricot des doigts et à ce qu'il reproduit spontanément, le verrou du lâcher-prise procède de la couverture des mains, coudes en appui, doublé d'un verrou de la botte. Nous reviendrons sur cette combinaison idéomotrice en fin de chapitre.

Avez-vous remarqué que votre taux d'angoisse ou d'anxiété investi dans l'appréhension d'un événement recule la réalisation de celui-ci dans le temps ? Votre angoisse handicape donc votre confiance en soi. Méditez sur cette question, car elle explique bien des échecs apparemment inexplicables !

Vous avez rendez-vous avec une personne sur laquelle vous comptez pour vous aider dans une entreprise ou pour un projet qui vous tient à cœur, votre appréhension de sa venue retarde bien souvent son apparition. Comme si votre anxiété de la voir arriver enfin freinait sa motivation à vous rencontrer. Vous attendez un contrat vital pour votre société et ce fichu bout de papier, dix fois annoncé, tarde à montrer le bout de son nez. Pourtant, lors du dernier briefing avec votre client, tout baignait dans l'huile. Il ne manquait plus que l'accord de principe du responsable au bas du contrat. Un détail ! Un minuscule caillou dans votre soulier peut devenir un monstrueux handicap.

La théorie des 3 Moi !

Comment l'angoisse que vous ressentez par l'un de vos *Moi* peut-elle représenter un frein pour l'un des deux autres ?

Le principe tient en une phrase que je nommerais casuistique [1], mais tellement fondée : « Fuis-moi, je te

1. J'emprunte ce terme à la théologie, qui s'occupe des cas de conscience, dans la mesure où le principe que j'énonce résume les deux attitudes principales auxquelles vous êtes confronté en permanence.

suis ! Suis-moi, je te fuis ! » C'est l'application rigoureuse des lois du marché entre l'offre et la demande. Qui offre trop décourage la demande, qui demande trop est frustré par une offre insuffisante. Ce principe est vieux comme le monde, il articule toute communication inter-individuelle. L'attaque provoque la fuite, la fuite neutralise l'attaque. Votre angoisse est perçue inconsciemment comme une agression non verbalisée par votre entourage. On finit par vous éviter car le mal est contagieux, comme la peur panique. Ceux qui puent l'angoisse, comme on dit communément, gardent rarement leurs nouveaux amis. Leur malaise est tellement évident (mains moites, tremblements, bégaiements, sueurs abondantes, gaz, toux nerveuses) que leurs relations s'éloignent d'eux avant de comprendre ce qui les incommode. Les grands anxieux sont des individus qui ont perdu toute confiance en leurs capacités, c'est-à-dire en leur *Moi dynamique* (celui qui agit par opposition au *Moi psychique*, celui qui pense) et surtout par rapport au *Moi spirituel*, celui qui croit et dont dépend votre confiance en soi.

Cette angoisse s'arrête-t-elle au seuil de votre territoire corporel ? Nous savons que l'odeur de l'angoisse (la peur) existe, elle excite les chiens et les rend hargneux. Or, cette odeur parfaitement subliminale n'est pas repérable consciemment par un nez humain. Nous savons aussi que l'odeur est tenace et ne s'évapore pas de manière ascendante, mais qu'elle circule suivant des courants linéaires, comme les ferro-hormones émis par les insectes femelles en chaleur.

Je ne cherche pas à prouver quoi que ce soit mais à réfléchir à la manière dont nous pourrions envisager l'empathie. Quelle est la vitesse de propagation d'un parfum dans l'atmosphère ? Guère plus de quelques kilomètres à l'heure. Le support ne convient pas aux grandes distances. Restent les vibrations psychiques ! Vibration = son ! La vitesse du son est évidemment plus commode. Elle franchit environ 332 mètres par seconde à 0° Celsius. Encore trop lent !

Or, le psychisme repose sur l'imaginaire et l'imaginaire est le moteur des émotions. Image + énergie = émotion. L'image est un assemblage de points lumineux même si elle est produite par le psychisme. Et la vitesse de la lumière est infiniment supérieure à celle du son. Mais il y a mieux et plus rapide encore. Et ce n'est pas de la science fiction !

Deux physiciens allemands – Gunter Nimtz et Alfons Stahlhofen – ont annoncé récemment que la vitesse de la lumière ne constituerait plus une des limites infranchissables de la physique moderne. Ils prétendent avoir réussi à dépasser la vitesse de la lumière (un peu moins de 300 000 km/seconde) en propulsant des photons à une vitesse plus rapide. Les chercheurs ont ainsi découvert que les photons pouvaient créer de manière occasionnelle un tunnel entre les prismes, arrivant au détecteur plus rapidement que ce que l'on pensait possible jusqu'ici. Une forme de « téléportation » chère aux auteurs de science fiction. Leur conclusion est donc que les limites de la relativité restreinte ont été franchies. Nimtz a déclaré que le tunnel quantique est un processus qui est « l'aspect le plus important » de la physique quantique, ce qui pourrait être responsable de l'efficacité du calcul du cerveau humain.

Être capable de dépasser la vitesse de la lumière est depuis des années synonyme d'espoirs pour tous ceux qui sont passionnés par les distorsions de l'espace-temps et, *in extenso*, par le voyage dans le temps. Cependant, et il y a toujours un cependant, le Dr Steinberg (Toronto), s'est dit en désaccord avec les interprétations de nos voisins allemands, estimant qu'il s'agit d'un problème d'analyse des effets observés. Le paquet d'ondes du photon virtuel a excédé la vitesse de la lumière, mais aucune information n'a été transmise à cette vitesse [1]. C'est pourquoi la théorie d'Einstein selon laquelle « rien dans l'espace ne peut se déplacer plus rapidement que la vitesse de la lumière dans le vide » garde complètement son sens et sa vérité scientifique, a-t-il ajouté. Il admet que le paquet d'ondes du photon virtuel a bien dépassé la vitesse de la lumière mais récuse son assertion parce qu'aucune information n'aurait été transmise. Quand il y a transmission, il y a toujours information. Il faut simplement détenir les outils pour la décoder.

Selon le physicien Nimtz, « à l'heure actuelle, c'est la seule violation de la théorie de la relativité restreinte qu'on connaisse ».

Le baromètre de la poignée

La poignée de main est un test doublé d'un exercice fabuleux pour développer votre empathie.

« La plupart des personnes que vous croisez dans la vie font semblant d'être ce qu'ils font mais ne font pas ce qu'ils sont. » Cet aphorisme est le fondement de la confiance et de l'estime de soi. Nous simulons souvent

1. Et si l'information était transmise par un code différent de ceux que nous maîtrisons ?

une vraie fausse assurance pour ne pas être pris en faute ou accusé d'ignorance, le crime de lèse-compétences.

Selon la légende, l'usage de se serrer la main remonterait à une époque où cela permettait de s'assurer que les personnes réunies n'avaient aucune intention agressive. En effet, il était impossible de serrer la main et de tenir une arme en même temps, de la même main, évidemment.

Exemple

> *« Le couloir qui mène à mon bureau est étroit et lorsque je le vois arriver en face de moi, je ne sais pas quelle sera sa réaction. Depuis notre altercation à la dernière réunion, il m'évite. Je lui rends bien. Nous arrivons presque à la même hauteur, il me sait rancunier, mais l'atmosphère invivable ne me convient plus. Je lui tends la main. Il a l'air autant surpris que soulagé. "Sans rancune. Tu veux un café ?" »*

Même si ce n'est plus le but aujourd'hui, la poignée de main demeure un comportement banal et très présent surtout dans le monde du travail. Cela étant, pensez-vous que la façon dont vous serrez la main pour dire bonjour puisse vous trahir et révéler certains aspects de votre personnalité lors d'une première rencontre ? *A priori*, la qualité d'une poignée de main est un signal fort qui vous informe en temps réel de l'estime qu'on vous accorde.

Exemple

« Trop molle. Trop dure. Trop longue. "Cette poignée de main n'est pas une mince affaire", souffle mon frère, découragé par ma présentation. Le rendez-vous avec le DRH a lieu dans deux heures. Nous sommes plusieurs à briguer le poste, autant soigner le moindre détail. Je recommence. C'est parfait. La bonne distance, la poignée de main ferme sans être brutale. "Maintenant, me dit-il, entraîne-toi à sourire en même temps !" »

Au prix de ce petit effort, vous ferez meilleure impression lors d'un entretien d'embauche. Car, dans l'éventualité où le recruteur ressentirait votre timidité, il aura tendance à vous juger moins dynamique, voire moins intelligent. Ces interprétations ont été démontrées par une étude de psychologues américains en 1997 (D. Paulhaus et K. Morgan, de l'Université de Colombie-Britannique).

La poignée de main est stratégique ! Et comme la confiance s'alimente d'elle-même, cela pourrait être l'amorce d'un changement de climat mental. En outre, il est relativement aisé d'apprendre à modifier cet échange essentiel qu'est la poignée. Par exemple, en vous préparant en famille ou entre amis afin d'obtenir des résultats probants avant une rencontre importante.

Vous n'êtes jamais assez attentifs à la poignée de main que vous serrez en guise de bienvenue. Pourtant, la main fuyante et molle, la poigne du bûcheron ou la poignée de mains interminable, pour n'en citer que trois parmi tant d'autres, déterminent toujours le genre d'individu auquel vous avez affaire.

Exemple

> « J'ai envie de lui prendre son pouls pour voir s'il est encore vivant, sa main mourante laisse présager du contraire. Je n'aime pas plus le broyeur d'os, surtout quand j'ai la bonne idée de mettre une bague. Je ne tiens pas à finir aux urgences. Le directeur vient vers moi, me sourit et me tend la main. Si une poignée de main dure en moyenne de trois à cinq secondes, celle-ci me semble frôler la minute. Ce temps où je dois faire bonne figure me semble interminable. Que me veut-il ? »

Bienvenue ou non ! Il faut trancher avant d'abaisser vos barrières douanières. Un poignée de main est une clef qui ouvre ou ferme une porte, dès le premier contact. Un peu comme une sorte de coup de foudre. Si les gens prêtaient attention à cet instant crucial, il perdrait beaucoup moins de temps à palabrer dans le vide.

On connaît aussi mal les origines de la poignée de main que celle du namaste (salut indien, les mains jointes devant le bas du visage). Les Romains se saluaient en se serrant mutuellement l'avant-bras, le siège symbolique des moyens de défense. Selon les anthropologues, notre poignée de main contemporaine est relativement récente.

Exemple

> C'était imparable. Caïus savait qu'en palpant le bras rapidement du coude au poignet, il parviendrait sans aucun doute à déceler un poignard dissimulé sous les

vêtements. Il procédait toujours ainsi, poussant parfois le zèle en secouant la main de son interlocuteur. Un objet tranchant n'y aurait pas résisté. Après avoir utilisé ces précautions élémentaires, Caïus semblait prêt à écouter l'homme qui lui avait demandé audience.

Les politiciens des États-Unis adorent se serrer la main et utiliser celle restant libre pour couvrir les deux mains déjà en contact.

Une savante échelle de valeur permettrait ainsi, selon l'ardeur de ce geste complémentaire, d'évaluer le degré de sympathie entre les personnes. Mais cette habitude peut avoir un sens tout différent. Je vous déconseille vivement de faire appel à ce type de poignée de main pour transmettre votre affectueuse sympathie à votre interlocuteur. Elle signifie littéralement et pour rester de bon ton : « Je vous ferai un enfant dans le dos. »

Dans un cadre plus amical ou familial, il y a des mains que vous serrez pour ne pas subir la coutume du baiser social et marquer ainsi une distance avec des individus pour lesquels vous ne ressentez guère de sympathie.

Exemple

> *« On se fait la bise ? » Je suis sûre que le crapaud ne va pas se changer en prince charmant. Mon nouveau collègue veut entrer dans ma zone « intime » et je ne tiens pas à recevoir son baiser d'escargot chaque matin. À la place d'une réponse polie et positive, grand sourire compris, je lui tends la main comme si je ne l'avais pas entendu. Un sourire sympa mais pas encore celui de la bonne copine. Un peu de distance s'impose, je vais devoir le croiser tous les jours à la machine à café, ce qui sera amplement suffisant.*

Cependant, le contact des mains avec des amis intimes et des parents est soumis à moins d'inhibition. Leur rôle social est déjà clairement établi comme non sexuel et le danger est donc moins grand. Malgré cela, le cérémonial d'accueil est devenu hautement stylisé. La poignée de main est aujourd'hui un processus strictement réglementé.

Selon Desmond Morris, l'usage de la poignée de main s'est généralisé au milieu du siècle dernier. Son ancêtre, la réunion des mains, s'employait bien avant cela, je le cite [1] : « Dans la Rome antique, elle servait d'engagement sur l'honneur et son rôle devait fondamentalement rester le même pendant près de deux mille ans. Elle n'a commencé à servir aux salutations quotidiennes qu'au début du XIXe siècle. Le fait de se serrer la main est un geste d'ouverture ou d'apaisement. Les protagonistes qui s'approchent ainsi l'un de l'autre se

1. *Le Couple nu* (Grasset, 1972).

signalent mutuellement qu'ils renoncent symboliquement à un possible affrontement physique. »

La poignée de main en dit long sur le type d'individu
auquel vous avez affaire. Il y aurait plus de 70 manières
de serrer la main d'un étranger, selon certains auteurs.

Vous est-il déjà arrivé de tendre la main à un individu qui n'a pas répondu à votre marque de sympathie
gestuelle ? Sans doute que oui ! Cette réaction est un
aveu d'antipathie pur et dur de la part de votre
interlocuteur.

Exemple

« *Pas très fair-play, mon concurrent. J'ai gagné la course
avec quelques secondes d'avance et sans contestation
possible.*
*Cette fois-ci, je suis le vainqueur. Je lui ai tendu la main,
soyons bon joueur, à une prochaine fois, un prochain
circuit. Le visage tendu, le regard noir, il a refusé la main
que je lui tendais. Tant pis pour lui. J'ai souri et ma main
inutile s'est levée et a salué la foule qui m'acclamait.* »

Si cela vous arrive encore, prenez la porte sans même
vous excuser ! Vous aurez gagné un bénéfice largement
plus estimable que celui que vous espériez de votre
rencontre. Quand l'autre refuse de vous serrer la main,
le rejet est évident et l'aboutissement d'un accord est
impossible.

La poignée de main ne servait autrefois qu'à conclure
un marché ou à confirmer une promesse. Mais de nos
jours, il ne faut pas s'y laisser prendre « la main dans le

sac », car la poignée peut aussi se transformer en sac de nœuds pour qui ne sait pas décoder les micromessages pervers qu'elle est susceptible de véhiculer.

Il suffit d'un contact *mano a mano* pour savoir si votre interlocuteur a confiance en lui ou si sa confiance en soi est à l'entretien. Attention ! La confiance en soi peut être également absente de la poignée de main par excès de méfiance de l'autre. Si vous croisez le regard de votre interlocuteur tout en lui serrant la pince, vous saurez ce qu'il en est. Méfiance en soi ou en vous !

S'il se méfie de vous, il plantera son regard dans le vôtre au premier contact, contrairement à ce que vous pourriez croire. S'il manque de confiance en lui, il évitera de vous regarder lorsqu'il vous serra la main pour vous quitter.

Ceci étant dit, la valeur ajoutée ou retranchée des regards ne s'interprète pas sur la base d'une grille gestuelle comme c'est le cas de la poignée de main. Ce serait trop simple.

En principe, la poignée de la confiance en soi est une poigne ni trop forte, ni trop molle, mais dans laquelle l'angle entre le pouce et l'index, ce qu'on nomme les éminences thénar, s'emboîtent idéalement et les paumes se plaquent l'une sur l'autre sans restriction. Une poignée de main franche et sympathique peut durer de 5 à 10 secondes. Mais les choses ne se passent pas toujours ainsi.

> *Je me précipite au n° 15 de la rue. La responsable de l'agence immobilière m'attend devant la porte. J'ai droit à un sourire commercial du plus bel effet. Je m'excuse pour mes quelques minutes de retard, lui tends la main. Je ne parviens à saisir que le bout de ses doigts.*

En règle générale, les mains se tendent, se touchent, s'étreignent parfois durant des secondes interminables, elles franchissent le territoire corporel, mais les individus sont ailleurs, perdus dans leurs pensées secrètes, projetant leurs mains hostiles en éclaireurs pour bien marquer la distance qui les sépare. Car la poignée de main contemporaine n'est pas souvent, et contrairement aux apparences, un acte d'hospitalité. Elle est devenue un automatisme de protection du territoire. Les mains que l'on serre pour se quitter ne jouent pas dans la même catégorie que celles qu'on tend pour se rencontrer parce que la main de l'adieu est un aveu de sympathie ou d'antipathie tandis que la main de l'accueil n'est qu'une déclaration d'intention.

Il faut donc que vous soyez très attentif à ces deux instants cruciaux pour évaluer comparativement l'utilité de votre rencontre et le niveau de confiance en soi que vous y avez investi mutuellement.

L'inquiétude se lit sur mon visage, je me demande à quelle sauce je vais être mangé. Il me prie de m'asseoir, et sans se départir de ce sérieux que j'interpréterai quelques mois plus tard pour de la retenue, du respect, il me parle de mon manuscrit. Le roman que je lui ai envoyé des mois plus tôt intégrera sa collection. Au moment de le quitter, je lui serre la main un peu plus fort qu'en arrivant. J'ai envie de lui sauter au cou.

Deux personnes qui se font confiance *a posteriori*, confiance confirmée par une poignée de main de l'adieu, réussiront à mener leur projet commun jusqu'à la ligne d'arrivée. Si la confiance mutuelle est dévaluée gestuellement, le projet sera abandonné 9 fois sur 10.

Évidemment, vu sous cet angle, peu de poignées de main sont véritablement accueillantes ! En tout état de cause, soyez toujours très attentif à la manière dont on vous serre la main et à votre propre manière de serrer la main de votre hôte. Aussi bref qu'il soit, l'encastrement des mains doit être parfait et surtout confortable, sinon vous avez intérêt à prendre de la distance, voire à fuir carrément dans les meilleurs délais les individus dont les poignées de main vous ont paru décalées.

Serrer la main d'un inconnu n'est pas un geste sans valeur ajoutée, c'est d'abord un contact de peau, c'est ensuite une ouverture du territoire individuel, donc un flux énergétique, qui aura une influence sur la suite des événements. Si vous prenez conscience de l'importance de cet instant crucial, vous pouvez imposer votre ascendant d'entrée de jeu. Or, sans confiance en soi, pas de crédibilité, cette héritière de votre niveau d'influence.

En principe, la poigne est un vecteur énergétique important en communication non verbale. Vous transférez votre potentiel énergétique à l'autre ou vous refusez de lui accorder cette véritable marque d'estime. *La main molle* représente le refus de cet échange énergétique, même si vous avez l'impression de compter pour l'autre. Ce n'est qu'une impression, frauduleuse par définition. La poignée molle trahit l'opportuniste militant. Vous n'existez à ses yeux que dans le cas où vous pourriez lui apporter un bénéfice quelconque.

Vous remarquerez que la poignée de main en guise d'adieu est souvent plus chaleureuse et sincère que celle que vous serrez au premier contact. D'ailleurs, si votre entretien ne s'est pas déroulé dans les meilleures conditions, la poignée d'adieu est oubliée tacitement de part et d'autre. Certains interlocuteurs vous quitteront en vous touchant précipitamment le bras, ce qui est une manière de vous effacer de leur mémoire. Quand un collègue vous tape sur le bras pour vous quitter dans l'urgence, il vous informe tacitement que vous ne valez même pas l'effort d'une poignée de main.

La poignée de main est un test fabuleux pour savoir immédiatement si un entretien va déboucher sur un résultat positif ou si vous allez ramer pour l'emporter. Vos sentiments et ceux de votre interlocuteur/trice s'expriment massivement en l'espace d'un clin d'œil au contact des paumes. L'empathie de vos mains est un signal puissant des sympathies ou des antipathies subconscientes que votre conscience occulte dans la mesure où elle est totalement obnubilée par le but à atteindre. Et n'oubliez jamais de doubler votre poignée de main d'un regard les yeux dans les yeux. Un regard dit *eidétique*. Il s'agit d'une image de type hallucinatoire que vous projetez sur votre écran mental en même temps que vous serrez la main de votre hôte, une technique sur laquelle je reviens dans l'ingrédient consacré au leadership. Si votre hôte évite ce regard ou n'y répond pas, il a perdu la partie avant d'avoir ouvert la marque. Cela signifie aussi que votre rendez-vous risque de se terminer en eau de boudin.

Pour mémoire :

« La plupart des personnes que vous croisez dans la vie font semblant d'être ce qu'ils font mais ne font pas ce qu'ils sont. »

« La main de l'adieu est un aveu de sympathie, la main qui accueille n'est qu'une déclaration d'intention. »

Le langage des distances

On vous tend la main ? La distance qui vous sépare est plus essentielle que la manière. Savoir qu'une poignée courte est prédictive d'un entretien stérile est une information précieuse. Aussi précieuse que la poignée longue qui vous avertit que vous êtes très (ou presque trop) bienvenu. Dans les deux cas, elle est un indicateur fiable du niveau de disponibilité de votre hôte.

Exemple

> *À peine arrivée dans le magasin, il me salue en me serrant la main et en tirant sur mon bras comme pour m'attirer à lui. Je manque de trébucher et de tomber dans ses bras. Je ne pense pas que ce soit l'effet escompté, il veut surtout que la marque que je représente lui passe une commande.*

La poignée courte

Le bras en angle droit, coude collé au corps, est le bras d'un homme peu généreux qui a peu de temps à vous consacrer. Vous êtes son obligé dans la mesure où il a accepté de vous recevoir. Si vous n'avez pas expressément besoin de le persuader ou de le séduire, écourtez votre visite car vous n'en retirerez aucun bénéfice.

Il est inaccessible, indisponible et trop spéculatif pour être rentable *fifty-fifty*, sauf si vous vous déculottez pour lui faire plaisir. J'ai beaucoup observé notre président et les poignées de main qu'il offre à ses hôtes. Quand il est en demande, le bras se tend comme un diable sorti de sa boîte. Quand l'autre est demandeur, il conserve le bras collé au corps. Nicolas Sarkozy est totalement « nature », il ferait un excellent professeur de gestuelle.

La poignée longue

Le bras en extension est le fait d'un accueil convivial ou intéressé. C'est la réception d'un hôte qui a besoin de vous ou qui attend un bénéfice de votre visite. Il se rend totalement accessible et sera forcément disponible. Quand le président Sarkozy tend un bras long comme le bras (!) à l'ex-président brésilien Lula da Silva, ce n'est pas par sympathie pure et dure, mais pour lui refiler le plus de technologie militaire possible.

La poignée moyenne

Le bras cassé en angle obtus est une poignée accrocheuse mais sans excès. Il vous accueille de manière opportuniste en attendant d'en savoir plus ou de mieux vous connaître. Il est peu accessible *a priori*, sauf si vous éveillez son intérêt ou si vous savez comment exciter sa curiosité.

138

À ce propos, un signal gestuel peut vous informer de ce genre d'excitation : votre interlocuteur peut soudain se mettre à tripoter son nez. Cela voudra dire que vous avez éveillé son intérêt. Le nez n'a rien à voir avec le mensonge, contrairement à ce que prétendent de nombreux pseudo-experts gestuels, mais il a tout à voir avec la libido, donc la motivation.

Exemple

Cela m'arrangerait bien qu'il signe la campagne de pub. Ma promotion serait assurée. Mais le client semble sur la défensive, me regarde me débattre entre le story-board et l'argumentaire. Mon nouveau pull fait des siennes, découvrant mon épaule, je remonte aussi discrètement que possible la manche mais cette fois-ci mon décolleté n'a plus de secret pour lui. Il se détend, se tripote le nez, feuillette la documentation, jette de nouveau un regard sur moi. Je ne sais si la campagne est à son goût, mais j'ai l'impression que la balance penche en ma faveur.

Les mains qui transpirent

Tout le monde ne transpire pas des paumes, mais ce phénomène est courant. Les mains moites sont aussi désagréables pour ceux qui en souffrent que pour leurs interlocuteurs. L'excès de transpiration des mains est psychogène. Il révèle un tempérament fondé sur une organisation mentale dans laquelle les manies et autres automatismes mentaux du style « pensées obsessionnelles » priment sur la liberté de penser tout court.

Soyez attentif, hyper attentif, à cet instant crucial de la rencontre avec un interlocuteur dans un contexte professionnel. L'extension du bras passe tellement vite qu'on oublie généralement d'y être attentif. La poignée longue est l'exception, la poignée moyenne est la norme, quant à la poignée courte, elle se manifeste surtout avec les hommes de pouvoir ou supposés tels. Elle semble très conviviale, ce n'est qu'une prise de judo sur un tatami politique. La poignée courte permet une invasion rapide du territoire olfactif de l'adversaire. Or, l'odeur que perçoivent les consciences subliminales [1] des parties en présence est une information essentielle qui peut dégrader la note que vous accordez à la si chère confiance en soi.

Depuis que j'ai posé cette hypothèse de travail, j'ai serré des milliers de mains et les conclusions n'ont souffert aucune exception. Chaque fois que j'ai fait l'impasse sur une poignée de mains décalée, je me suis fait avoir comme un bleu.

L'orientation des mains

Il existe trois orientations manuelles d'une poignée de main :

1. la paume horizontale orientée vers le ciel (supinatrice) ;

2. la paume horizontale orientée vers le sol (pronatrice) ;

3. les paumes parallèles.

1. Les consciences marginales seraient des espaces cérébraux qui fonctionnent en liaison directe avec l'amygdale du cerveau et servent de relais vers la conscience vigile.

La majorité des poignées de main se produit en parallèle, mais il arrive que la poignée de main soit une première prise de contact doublée d'un jeu de pouvoir. Celui qui tend sa main paume orientée vers le sol est dominé, celui dont la paume est orientée vers le ciel est dominant, aussi étrange que cela vous paraisse. La main est une mâchoire qui se referme sur celle de son interlocuteur, la main supinatrice, orientée vers le ciel, dispose de plus de poigne que la main pronatrice, orientée vers le sol. En observant ce détail, vous pouvez immédiatement définir le niveau de pouvoir des deux personnes en présence. L'individu qui tend sa main pronatrice (vers le bas) est sous l'influence immédiate de son interlocuteur dont la main est supinatrice (vers le haut).

Reste un cas de figure : la main au tranchant vertical. Ni dominante, ni dominée mais égalitaire. Le sujet ne recherche pas la confrontation d'entrée de jeu. Tel est le sens de cette préhension en parallèle.

Le terreau de l'empathie passe par une forme de lâcher-prise. L'intuition ne peut s'exprimer sous pression. Elle a besoin de liberté mentale, de vacuité de la conscience pour pouvoir émerger. Pourquoi ? Parce que l'intuition puise ses informations dans l'inspiration, le vide qui gît dans les profondeurs de l'esprit humain. Vide ou trou noir qui absorbe les souvenirs, les expériences ou les pensées et les malaxe avant de les régurgiter dans un espace mental dédié à l'inspiration.

Les verrous idéomoteurs du lâcher-prise

Le verrou combiné des mains en couverture doublé du verrou de la botte sont les verrous idéomoteurs de la

PNG qui ouvrent la porte à l'empathie. Leur programmation dépend de fables inductrices que vous pourrez retrouver en annexe de cet ouvrage mais aussi sur le site de l'École des gestes.

Le verrou des mains en couverture est un code gestuel anti-stress qui remplace avantageusement le tricot des doigts en situation d'examen. Je vous renvoie à la fiche technique éditée sur le site de l'École des gestes, si le sujet vous interpelle.

5ᵉ ingrédient : la motivation

Savoir se motiver pour motiver les autres

Comment pourriez-vous convaincre autrui sans être convaincu vous-même de la pertinence de votre action ou de vos propos ? Dans le droit fil de cette affirmation, comment pourriez-vous arriver à motiver un groupe quand il vous manque l'énergie du désir ?

Vous débutez – « J'ai envie de vous dire que… » – alors que vous n'avez qu'une seule envie, c'est de fuir cette envie. Avoir envie n'est pas vouloir ! Ce n'est qu'une manière velléitaire d'exprimer sa motivation. De la même manière, certains gestes contredisent les propos que vous tenez et dévalorisent votre motivation verbalisée avec nombre de qualificatifs bouffons et adverbes délinquants.

À propos ! Peut-on tricher ? Programmer les gestes qui confortent une motivation inexistante ? Faire l'acteur en somme ? Oui ! On peut, même si la démarche n'est pas des plus reluisantes. Les hommes politiques en usent et en abusent, les généraux aussi, en temps de guerre. La motivation est aussi une question de désespoir face à la mort, un désespoir qui est et sera toujours le carburant le plus efficace pour réveiller le patriotisme prisonnier d'une motivation léthargique.

La motivation du désespoir

Témoignage

> *J'ai vécu un moment atroce dans ma vie. Je n'avais plus rien à espérer, j'étais lessivé et j'ai prié Dieu, ultime recours avant la déchéance totale. Et puis, je me suis mis au lit en l'attente d'une énième nuit blanche. Je me suis endormi à mon insu. Le lendemain matin la sonnerie du téléphone m'a réveillé. J'ai décroché et une voix inconnue m'a donné rendez-vous, un rendez-vous qui m'a sauvé la vie.*

Le sentiment de désespoir sera le credo de nos lendemains de crise. Je vous en fiche mon billet. Ne vous laissez pas abattre comme une carne à Rungis avant d'avoir lu ce qui suit ! Un conte pour adulte, histoire d'illustrer le carburant essentiel de votre vraie motivation.

144

— Ça veut dire quoi « J'en ai marre ! » ?

— Ben ! Que t'as pas le moral ! Que t'es découragé, quoi !

— Alors j'en ai vraiment marre, surenchérit le désespoir.

— Et si tu supprimais ton cache-col ? Je veux dire les trois lettres qui dépassent du mot espoir ?

— Ouais ! J'attraperais un mauvais rhume, mon frère !

— Qu'est-ce que tu peux être pessimiste, toi alors !

— Je ne suis pas pessimiste, je suis l'désespoir. C'est bien pire. D'ailleurs, même le pessimisme évite de m'fréquenter.

— Pourquoi ?

— Ça l'désespère de m'voir.

— Je veux bien te croire. En définitive, je suis le seul ami qui te reste.

— Normal ! T'es l'humour. Je n'risque pas d'te contaminer, hein ? Des mots comme moi, ça devrait pas exister, insiste le désespoir dont les humeurs virent à l'encre noire.

— Tu exagères. Il en faut pour tous les goûts, pas vrai ? Tiens ! Je suis dans un de mes bons jours. Je vais te remonter le moral. Façon de parler ! Imagine que la langue française ne comporte que des mots heureux de vivre et de servir à rire à tous les mecs qui peuplent la planète. D'accord, ce serait géant ! Mais ce serait aussi leur rendre un très mauvais service. Le gamin qui échouerait à ses examens rentrerait aussi heureux à la maison que celui qui aurait réussi. Tu vois ça d'ici ? Et le cadre d'entreprise qui perdrait son boulot irait illico fêter son accession au chômage au premier bistrot du coin. Heureux ! Et l'ouvrier qui se couperait un doigt sur une machine-outil se le mettrait derrière l'oreille comme un crayon, en rigolant de sa mésaventure. Déjà qu'on regarde les catastrophes, les guerres, les massacres, la famine et le malheur des autres à la téloche sans que ça

nous coupe l'appétit. Mais où irait-on, sans le déses-
poir ? Le bonheur se vendrait à Carrefour et tous les
bulletins de Loto sortiraient gagnants. Plus de perdants !
Plus de pauvres ! Plus d'espoir…
— *Comment ça, plus d'espoir ? intervient le désespoir.*
— *Réfléchis ! Si tout le monde est heureux, il n'y a plus*
rien à espérer. C'est pas logique ?
Le désespoir se gratte la barre du « d ». Le raisonnement
de l'humour fait son chemin entre les lettres dont il est
constitué. Il commence à redresser le torse. Un peu moins
désespéré que tout à l'heure.
— *Mais alors… ça signifie que le désespoir sert quand*
même à quelque chose ?
— *Eh oui ! Il est le frère jumeau de l'espoir, l'oncle du*
courage et le cousin de la chance.
— *De la chance ? C'est impossible ! Elle me déteste.*
— *Alors comment expliques-tu que le courage du déses-*
poir est souvent celui qui permet à l'homme de séduire la
bonne fortune quand il a tout essayé en vain ?
— *Ouais ! C'est bien vrai, ça !*
— *Alors, tu en as encore marre ?*
— *Non ! Plus du tout ! J'te quitte. J'vais aller me déses-*
pérer un peu. Ça m'portera chance.

La motivation pataphysique

Je me suis rendu sur la pointe des doigts de pieds
jusqu'au site de Wikipédia pour lire les informations
consacrées à la motivation. Je vous conseille de vous y
rendre, ça vaut le déplacement. Du charabia ! Je n'ai
strictement rien compris. Non content d'abuser de mots
savants, la tournure des phrases était tellement alambi-
quée qu'on aurait dit un raisonnement pataphysique.

Fort de ce constat, je comprends parfaitement que nombre de personnes intéressées *a priori* finissent par classer la psychologie dans le rayon des sciences occultes.

Motivation ou ambition ?

Faut-il choisir ? La motivation est une des formes que prend le désir d'aboutir à court terme. Elle précède l'ambition, mais ne doit pas obligatoirement y souscrire. Vous pouvez être motivé par la lecture d'un auteur, mais vous n'avez pas l'ambition de lire toute son œuvre. Je suis motivé par mon travail d'écrivain, cela va de soi, mais mon ambition n'a rien à voir avec le plaisir que j'éprouve à vous transmettre ce que j'ai observé gestuellement et les conclusions que j'en ai tirées.

Tout individu couve une ou plusieurs ambitions mais, en vrai, peu sont ambitieux. Avoir l'ambition et être ambitieux ne combattent pas dans la même catégorie. De même, être motivé ponctuellement ne puise pas son énergie à la même source que l'entretien de ce désir qu'est la motivation. Ce qui me motive fondamentalement, ce sont mes enfants et mes petits-enfants, ma famille. Mon ambition est de leur laisser le souvenir d'un père et d'un grand-père qui a vécu de son talent tout en gagnant sa vie sans subir d'autres contraintes que celles qu'il s'est imposées. Telle est mon ambition mais suis-je ambitieux pour autant ?

Si j'étais ambitieux...

Si j'étais ambitieux au sens strict du terme, je vivrais à Paris et non dans un petit village d'Indre-et-Loire ; je me rendrais tous les matins au café Flore, boulevard Saint-Germain pour faire semblant de rédiger une œuvre fondamentale et je hèlerais le serveur en l'appelant par son prénom. J'irais déjeuner au Procope, histoire de me montrer, d'exister au maximum. Je prendrais d'innombrables rendez-vous avec des journalistes circoncis de leur curiosité, des éditeurs désabusés, des animateurs de télé stupides mais tellement influents. Je ferais chauffer mon iPod pour qu'il sonne toutes les heures, laissant d'innombrables messages sur les boîtes vocales de mes correspondants. Cent messages pour dix rappels ! J'apparaîtrais, pour paraître et ne pas disparaître du décor éditorial. Comment peut-on être sans paraître ? Je vous le demande ?

Motivé ? Oui ! Ambitieux ? Non ! Mais ai-je ou avais-je le choix ? Très franchement, je ne crois pas. J'ai analysé les biographies de nombreuses personnalités populaires ou célèbres. Les ambitieux se repèrent immédiatement par leur besoin de remplir l'espace, le volume et le temps. Ils vivent en 3D, omniprésents dans les magazines *people* ou apparentés. Nous avons mis un ambitieux à la tête de l'État. Nicolas Sarkozy est le parangon de l'ambitieux, suivi de J.-F. Copé et de toute une clique de politiciens quadragénaires de gauche comme de droite. Et le petit facteur de Neuilly [1] n'est pas le moins ambitieux de la clique. Mais il existe aussi des élus qui ne cherchent pas la lumière, mais, motivés

1. Olivier Besancenot.

par leur rôle, ils ont l'ambition de servir leurs conci-
toyens. Les ambitieux se servent de l'État, n'en déplaise
à ma victime favorite [1], les motivés servent l'État. Un
ambitieux peut aussi se défroquer et devenir un motivé
ou l'inverse, à la veille des élections. Le goût du
pouvoir est un héritage génétique et non un acquis. Le
fils d'un magnat peut très bien simuler le rôle mais il ne
tiendra pas la rampe bien longtemps face à de vrais
hommes de pouvoir. Les chefs sont des animaux
humains dominants. Ils ont hérité de cette qualité dans
leurs gènes et suivant le milieu dans lequel ils évoluent,
ils s'imposeront au détriment de leurs concurrents.
Mais le goût du pouvoir ne se transmet pas toujours en
ligne directe. L'héritier fera semblant pour satisfaire
l'orgueil paternel.

La quête du pouvoir

En l'an de grâce 2006, j'ai fréquenté le palais
Bourbon, l'Assemblée de nos élus, durant une année
entière. J'ai baigné dans l'ambition la plus féroce, la
plus enivrante, la plus vorace qu'on puisse rencontrer,
celle du Landerneau politique. Je dois avouer que, par
moments, je me suis posé la question de savoir si j'avais
envie d'y rester, de m'acoquiner, de militer, de cour-
tiser comme tous les journalistes accrédités qui, tels des
papillons de nuit, tournent autour des politiques pour se
réchauffer à la flamme du pouvoir. J'ai eu la chance
d'assister à une réunion au sommet d'un parti politique
et de ses édiles. Je les ai écoutés palabrer et j'ai compris

1. Sarko, *of course*.

que je ne pourrai jamais faire les grimaces indispensables pour avoir l'air d'une figure. J'ai trop besoin de cultiver mon ironie et de peindre le sérieux de ces personnages avec un humour libertaire hérité de mes ancêtres. Dix fois, cinquante fois, cent fois, j'ai croisé le regard absent de notre président actuel, celui de son ennemi favori qu'il voulait pendre à un croc de boucher, la superbe MAM, la sensuelle Nadine Morano (elle est plus excitante quand elle ne joue pas à la ministre), Ségolène la Royale tellement classe qu'on peine à la croire socialiste, le Hollande sympa et son double Jean-Marc Ayrault et tous les autres barons de notre République monarchique. Je n'ai pas voulu devenir ambitieux mais aurais-je pu ? Dans le fond, j'étais motivé à observer ces gros poissons dans leur aquarium, à les étudier ethnologiquement mais guère plus. J'ai découvert le sens fondamental de l'ambition qui les anime : la quête du pouvoir, ce shoot quotidien de dopamine qui les rend fous.

Or, ce pouvoir, je me l'étais déjà approprié en écrivant des livres sur ma passion, en offrant à mes compétences d'écrivain et de psy une tribune sans fin. Et que reste-t-il après le pouvoir ? La motivation du recommencement. La genèse. Renaître à chaque bouquin pour transmettre encore ma passion du geste et de l'usage qu'on peut en faire en pratiquant la Programmation neuro-gestuelle, la fameuse PNG dont je vous rebats les oreilles depuis le début de ce livre. C'est que j'en suis fier, de ma PNG. J'ai découvert ce que je cherchais à travers la gestuelle, l'autohypnose et le pouvoir des mots réunis : un nouveau monde, un Eldorado du développement personnel que je partage avec vous.

Le rôle du geste dans la motivation

Il existe deux familles gestuelles :
1. Ceux qui entraînent ou expriment la motivation
2. Ceux qui forcent l'acceptation

Et ces deux familles sont intéressantes à connaître. Pour certains gestes, il est encore plus important de les transformer en verrous idéomoteurs réflexes.

La coupe

La pose est bien sûr étudiée, mais elle dévoile aussi un intérêt accru pour l'interlocutrice qui l'utiliserait en situation de dialogue. « Vous m'intéressez fortement », pourrait être sa traduction en langage clair. Séquence gestuelle traduisant une motivation sincère et/ou très intéressée.

Le pas de la jument

Le genou gauche ou droit fléchi est un micro-message gestuel subtil du langage de la séduction. Il indique une motivation charnelle de la part de la repro-ductrice pour celui qu'elle accompagne. Ce type de réaction se produit généralement quand la femme est pendue au bras de son compagnon.

L'auto-enlacement

« J'ai besoin d'un bras qui m'enlace et remplace le mien » dit ce geste d'une jeune femme esseulée.

Les bras tendus

Bras tendus, les mains sont ouvertes en offrande. Les deux personnages représentés dans le dessin ci-contre sont motivés à se retrouver. « Quel bonheur de te revoir, mon cher ami, de te toucher pour te montrer ma sympathie. »

Le pavois

Poser son menton sur ses deux poings est un classique de la séduction féminine. Ce code gestuel confirme l'intérêt sensuel que suscite l'interlocuteur qui fait face à la reproductrice.

« Je veux que tu me mettes KO » est le sens caché de ce code d'intention. Chaque code gestuel peut s'interpréter de cette manière simple et directe : une phrase de discours reliée à l'expression non verbale. En revanche, si vous reproduisez ce code d'un seul poing, vous indiquez votre envie de mettre KO votre adversaire.

Le grappin

Il s'agit d'un verrou idéomoteur de la PNG. Le verrou du grappin se pratique pour remonter les bretelles à une motivation défaillante chez un initié. Imaginons que vous ayez développé un projet et que vous vous heurtiez à l'incrédulité ou à l'incompréhension de vos interlocuteurs, que vous frappiez aux mauvaises portes, que tous les signaux qui étaient au vert virent soudainement au rouge ! Vous perdez pied, vous doutez de ce projet dans lequel vous avez mis toute votre énergie et tous vos espoirs, ce qui revient souvent au même. Quelle est la main qui domine dans le verrou du grappin que vous reproduisez ?

Si la main gauche domine

La passion est le carburant de votre motivation

Vous aimez vos projets d'amour,
Comme on aime ses enfants dans le fond.
Vos projets vous le rendront en retour
On n'abandonne pas son héritage
Au cœur d'une forêt de marécages.
Il ne faut jamais trahir ses rêves.
Mais au contraire se battre sans trêve
Pour réussir à faire passer le message

(la suite à consulter sur le site)

En clair : la passion est le carburant de votre motivation. Vous aimez vos projets d'amour, comme on aime ses enfants. Ne lâchez pas le morceau, on n'abandonne pas ses petits au cœur d'une forêt. Il ne faut jamais trahir ses rêves. Si votre passion est authentique, vous réussirez à faire passer le message à terme.

Si la main droite domine

La motivation est le carburant de votre ambition. Elle est totalement dédiée à l'objectif que vous visez, au pouvoir, à la victoire que vous avez décidé de remporter.

Si vous êtes gaucher/ère, il faut inverser les significations. La pratique de ce verrou stimule la motivation fragilisée par des portes qui se ferment. Il se programme avec une fable idéomotrice audio, comme tous les autres verrous de la PNG.

Les gestes qui forcent la motivation

On lève le bras !

1941. Kurt Lewin est docteur en psychologie, considéré comme le grand spécialiste de la motivation. Le ministère de la Guerre lui demande d'intervenir auprès des ménagères américaines afin de les convaincre d'acheter les bas morceaux de bœuf chez leur boucher, de manière à laisser les bons morceaux aux G.I. qui se battent dans le Pacifique contre les Japonais. Les Américains sont de grands consommateurs de viande car elle est synonyme de combativité, de tonus et de courage. Kurt Lewin prépare donc un argumentaire très patriotique et entame une tournée de conférences dans une dizaine de petites villes de province pour roder son *show*. Une quinzaine de conférences face à quelques centaines de femmes, de mère et d'épouses de soldats plus tard, un sondage est prévu pour mesurer l'impact de son argumentaire sur ces dames. L'appel au patriotisme consumériste n'a donné que 2 % de réactions favorables. Le psychologue est prié de revoir sa copie d'urgence. Comme si les bons morceaux de bœuf dans les gamelles des troufions leur donneraient plus de courage au ventre. Il faut bien les motiver à se battre comme des lions en évitant de se faire tuer. Je ne doute pas que les bons morceaux de bœufs aient pu être stimulants pour les soldats américains dans la mesure où toute guerre se gagne d'abord avec des symboles forts.

Lewin a eu une idée, il repart en mission dans les campagnes de l'Amérique profonde pour confronter son idée à un public féminin. Même argumentaire mais à la fin de son *speech*, il demande à toutes celles qui l'ont écouté de lever le bras, si elles sont d'accord de se rabattre sur les bas-morceaux de bœuf. La plupart des femmes présentes lèvent effectivement le bras, comme des camarades syndiqués. Résultat du sondage : 35 à 40 % d'auditrices ont sacrifié leurs bons morceaux de bœufs au profit des bas-morceaux.

3 fois Moi !

Elles ont répondu avec leur corps et pas seulement avec leur mental. Voilà le secret de ce succès. Ce que vous approuvez gestuellement a plus de valeur que ce que vous acceptez du bout des lèvres. Pourquoi ? Parce qu'un engagement corporel (du Moi dynamique, celui qui agit) influence le Moi spirituel tandis qu'un engagement intellectualisé ne trouve un écho que dans le Moi psychique (celui qui pense que). Or, la motivation dépend essentiellement du Moi spirituel, celui qui croit, qui, à son tour s'associe au Moi dynamique pour accomplir le chemin jusqu'à l'objectif.

Les religions ont bien assimilé la règle puisqu'elles ont mis en place une gestuelle sacralisée : signes de croix, tricot des doigts, eau bénite, chez les chrétiens, balancement du corps chez les juifs, embrassement du sol chez les musulmans, retenir son poignet gauche, lire la prière dans ses mains, etc. Les syndicats ont également instauré le vote à mains levées soit-disant pour influencer la majorité réfractaire, en vérité et non intentionnellement pour que les grévistes engagent leur Moi spirituel (motivation) dans le mouvement de grève.

Cette théorie des 3 Moi est entièrement inédite. Elle articule la Programmation neuro-gestuelle en ce que chaque verrou idéomoteur de l'équilibre entre ces trois instances du Moi. La réceptivité dépend du Moi spirituel. Le descriptif et l'objectif sont reçus par le Moi psychique. La réalisation incombe au Moi dynamique.

La serveuse toucheuse

Une étude expérimentale effectuée par Nicolas Guéguen, chercheur à l'université de Bretagne-Sud, démontre qu'un simple geste, anodin en apparence, stimule une humeur positive. « Que voulez-vous boire m'sieur ? » lance la serveuse, l'air de rien, elle lui effleure le bras. « Un café. » Le client règle sa note et laisse un pourboire. À la table voisine, un autre client avale sa bière. Lui n'a pas été frôlé : zéro pourboire. La scène se passe dans un bistrot de Vannes (Morbihan). À leur insu, 143 consommateurs – 97 hommes et 46 femmes – ont été soumis au test de la « paluche » : 24,6 % ont laissé une prime si la serveuse leur a touché le bras, 10,8 % dans le cas contraire. Le toucher de la serveuse ou du patron de bistrot fidélise le client. Le micro-message peut se traduire de la façon suivante : « Je te touche parce que je t'apprécie. » Le toucher est un signe de connivence qui installe une pseudo-intimité entre deux inconnus. Les toucheurs sont soit des Créatifs gestuels, soit des Tribaux gestuels. Ils sont offensifs et affectifs, c'est-à-dire bras droit dominant dans la posture des bras croisés et pouce gauche dominant dans la posture des doigts croisés Je vous renvoie à mon opus intitulé *La Grammaire des gestes* (J'ai Lu) ou sur le site www.joseph-mesinger.fr où vous trouverez toute l'information suffisante et nécessaire sur cette typologie à laquelle je fais d'ailleurs abondamment référence dans tous mes ouvrages les plus récents, dont *Le Langage des gestes pour les Nuls* (First).

En politique

Les politiques en usent et abusent, consciemment ou non. *Touché, c'est gagné !* Vous connaissez cette apostrophe : tout électeur touché est un électeur gagné. La demande de contact provient souvent des militants et sympathisants qui se pressent autour de l'élu en campagne. Le politique empoigne les bras, saisit les mains, happe une épaule, attrape l'électeur, il serre des milliers de mains, distribue les accolades. Ce comportement est le gage de sa réélection, car le toucher demeure le meilleur moyen de transmettre son énergie à l'autre et de le fidéliser. C'est aussi une question de poussière d'étoiles. Le pouvoir est hypnotique pour un simple quidam, tout comme la célébrité. L'homme de pouvoir guérit les écrouelles, comme autrefois le roi de France le jour de son sacre. En réalité, ce toucher procède d'un dispositif hypnotiseur biologique. Quand un militant ou un sympathisant s'approche de l'élu en campagne ou d'un candidat à la présidence, par exemple, il aspire à ce contact qui doit l'enrichir sur un plan spirituel. S'il est touché par la grâce, c'est-à-dire par l'élu, il conservera cet instant magique dans sa mémoire affective et se sentira missionné à voter pour lui.

Dans le même ordre d'idées, les hommes qui usent du toucher pour séduire leurs compagnes ont plus de chance d'arriver à leurs fins que ceux qui évitent le contact au cours des préliminaires. Mais les toucheurs sont aussi perçus comme des intrus quand ils pratiquent leurs approches hors du contexte de la séduction. En affaires, notamment, je vous déconseille d'avoir recours à ce type de contact, si vous ne voulez pas provoquer une levée de boucliers ou une fuite de votre client.

6ᵉ ingrédient : le leadership

Rapports sexuels, accès à la nourriture, protection du territoire, les animaux acquièrent ces bénéfices au prix d'une lutte constante, ils sont en conflit d'autorité permanent. Pour l'homme, la devise est similaire, symboliquement : manger ou être mangé. De ces affrontements résultent des hiérarchies comparables où quelques gros animaux, qui ont plus de succès que les autres, règnent sur une majorité d'individus relégués aux échelons inférieurs. Ils ont réussi à affirmer leur autorité et à dominer les autres membres de leur clan.

Or, si la psychologie intervient dans les relations humaines, elle entre aussi en jeu dans les conflits animaux. Les chercheurs ont analysé le comportement des animaux et en ont déduit les principes psychologiques sous-tendant l'organisation de certaines sociétés de poissons, de primates ou d'insectes. Par exemple, il a été prouvé que la victoire consolide la confiance et donne de l'autorité. La défaite déstabilise et le spectateur, passif par définition, face à l'acteur, est impressionné par l'autorité qui se dégage de la victoire. On nomme cela l'effet vainqueur.

Un ouvrier ou un employé du dernier échelon peut-il se métamorphoser en patron du 1er échelon ? Nous disposons tous d'une réserve génétique colossale de prédispositions récessives (que nous n'utilisons pas) qui, comme la Belle au bois dormant, ne peuvent être éveillées que par un baiser du prince charmant. Le prince en question est une allégorie de la chance, celle que vous pourriez avoir de croiser un facteur favorisant l'émergence du leadership inscrit dans vos gènes. C'est fonction de la multiplication et de la congruence des messages inscrits dans l'ADN transmis par vos ancêtres.

Imaginons que les 1 024 ascendants qui vous ont précédé sur dix générations vous aient transmis une grosse minorité de facteur P (pour pouvoir), disons 15 %, soit 153/154 ancêtres qui auraient eu une quelconque responsabilité à assumer avant de procréer, un talent reconnu et honoré, un statut dans les guildes de marchands, dans la noblesse ou dans l'église. Cette congruence atavique peut avoir sauté plusieurs générations avant d'aboutir à vos pieds et à votre insu. Seulement voilà, il est indispensable d'éveiller ce facteur P, soit en le favorisant, soit en l'évaluant avant de l'aider à émerger. Chaque talent est la racine d'un leadership dans un domaine particulier. Le profil du chef de bande ou de groupe est aussi un talent. Mais l'émergence peut dépendre d'un phénomène appelé synchronie ou simultanéité de plusieurs facteurs. Comme c'est le cas dans l'exemple totalement aberrant qui suit.

Exemple

Jean-Claude Van Damme qui, comme nul ne l'ignore, est l'acteur international le plus stupide du sérail hollywoodien, un toon belge au pays de l'oncle Sam, était un ado malingre et mal dans sa peau. Il s'est investi dans la pratique des arts martiaux, ce qui l'a transformé physiquement et a boosté son affirmation de soi, un des ingrédients essentiels du leadership. Parti aux États-Unis pour vivre une autre aventure, il a eu la « chance » de se retrouver au beau milieu d'une névrose des producteurs de cinéma en recherche de clones de Bruce Lee, fussent-ils originaires de la petite Belgique ou du bout du monde. « You've got to be at the right place at the right time ! » (Il faut être au bon endroit au bon moment) : ça sonne toujours mieux en anglais, ce genre de phrase. Question de dynamisme linguistique !

Pourquoi les chansons en langue anglaise se vendent-elles mieux que les françaises ? Question de sonorité ? Mais pas seulement ! C'est aussi une question de dynamique de la langue. Le français est une belle langue aux sonorités agréables mais qui manque de tonus. Elle s'adapte mal à la musique, ce vecteur émotionnel universel. Quand un chanteur français vous répète la même phrase à trente-six reprises, vous avez le temps d'aller boire une bouteille d'eau entière et revenir avant qu'il entame la suite de sa chanson. Quand un chanteur francophone, Patrick Hernandez vous répète 164 fois *Born to be alive*, il fait un tube international et vous vous retenez d'aller boire pour entendre sa chanson jusqu'à la fin. Il vit encore aujourd'hui de ses droits d'auteur. Chapeau !

Le leader n'est pas forcément un général d'armée ou un patron du CAC 40 ; tout individu qui parvient à exploiter une prédisposition de son héritage génétique devient automatiquement un leader dans son domaine. Tout individu passant du statut *lambda* au statut *alpha* est transformé en profondeur. C'est ce qui arrive à nombre de jeunes artistes qui bénéficient d'un succès colossal pour une première chanson, un premier film.

Grégoire, artiste produit sur le Net par la Major Company avec l'argent des internautes, en sait quelque chose. Sa première chanson s'est vendue à près d'un million d'exemplaires. Sa vie s'est modifiée de manière radicale. Marc Zuckerberg, le jeune patron de Facebook, n'est pas devenu le leader du réseau social parce qu'il a fait de bonnes études ou parce qu'il était plus intelligent que son meilleur pote. Il a débuté dans sa chambre d'étudiant en 2004. Son réseau vaut 50 milliards de dollars, aujourd'hui, soit six ou sept ans plus tard. Un Banco galactique. Grattez ici ! La chance ? Non, ma bonne dame, l'hérédité, ça fonctionne mieux que la Française des Jeux.

La projection d'un individu dans la lumière n'en fait pas toujours un leader, loin s'en faut, mais ceux qui savent en tirer parti sont ceux qui possèdent ce talent d'animal dominant inscrit dans la spirale de leur code ADN. Combien de stars éphémères de la chanson n'ont pas dépassé le tube unique, trois petits tours et puis s'en vont, et combien ont réussi à durer et à se faire une place au box office ? Un sur dix, un sur cent, un sur mille ? Quand je lis la biographie de Jean-Jacques Goldman écrite par Bernard Violet, je constate à quel point le chanteur en question a ramé avec son groupe Taïphong avant de connaître un premier succès en solo, dont le titre était prémonitoire : *Il suffira d'un signe*. Intuition ? Goldmann est un Sensitif gestuel et probablement un Leader gestuel en version 4 Gestes (si la théorie des profils vous interpelle, je vous invite à vous rendre sur le site www.joseph-messinger.fr). Son profil gestuel s'exprime parfaitement sur scène, il rayonne face à un public conquis par sa personnalité et la subtilité de son jeu.

La porte secrète

Il y a une porte secrète par laquelle passe tout individu en rupture de ban avec son destin qui semble tout tracé, la porte du quai de gare qui permet à Harry Potter de pénétrer dans l'univers des sorciers. Commence alors une ascension périlleuse vers les sommets de la gloire, de la célébrité ou du leadership ! Le destin vous met à l'épreuve. Votre vie devient une copie au brouillon que vous allez devoir remettre au propre pour accéder au cénacle du leadership. « Être ou ne pas être », célèbre phrase de la tragédie d'*Hamlet* de Shakespeare, prend ici tout son sens, même si cette tirade n'a rien à voir avec le pouvoir ou le leadership. Être pour exister enfin, chausser les bottes de sept lieues et vous inventer un destin à la mesure de vos rêves.

Mais peut-on éveiller cette prédisposition au leadership en passant par la Programmation neuro-gestuelle ? Peut-être bien que oui ! Car même si vous détenez ce merveilleux potentiel, il faut encore accepter de vous soumettre au parcours du combattant pour en acquérir l'exercice ou le bénéfice.

Personnellement, j'ai mis dix ans avant de connaître un succès suffisant pour vivre de mes droits d'auteur et devenir un des leaders dans mon domaine : la gestuelle. Les leaders sont nombreux dans la société car il y en a dans tous les domaines de l'activité humaine. Des chefs de file dans leur domaine de prédilection et dont le trône vacille parfois sous les coups de boutoir de leurs (con)frères ou concurrents. Quand j'ai abordé la gestuelle en 1993, peu de livres étaient parus sur le sujet et peu d'auteurs s'y consacraient (Sulger, Brûlard, Desmond Morris, Molcho et Ekman). Depuis, les *spin-doctors* en communication non verbale se sont multipliés comme les ministres du gouvernement bruxellois (55 ministres pour un territoire grand comme la principauté de Monaco), tous plus crédibles ou non les uns que les autres. J'ai pris une confortable avance sur le peloton en publiant près de 30 ouvrages sur le sujet dont certains sont devenus des *best-sellers* (voir ma bibliographie en fin d'ouvrage).

Pour en revenir aux pouvoirs éventuels de la PNG, cette discipline peut effectivement vous aider à mieux percevoir vos potentiels, à éveiller certains talents dont le leadership fait partie intégrante. Il existe des verrous idéomoteurs qui favorisent le leadership dont *l'activation cataleptique des jambes au finish* et *l'aphémie sélective des cordes vocales* sont deux exemples.

Les jambes prennent le pouvoir

L'activation cataleptique des jambes (ACJ) est une lévitation de la partie inférieure de votre corps que vous devez pratiquer assis sur un fauteuil ou sur un siège confortable, si possible. L'exploit consiste à dépasser sept minutes de lévitation idéomotrice sans faire le moindre effort musculaire. Et cet exploit dépend entièrement de votre réceptivité à la PNG, donc à la réussite du verrou oculaire qui en représente le code d'accès universel. La réussite de l'ACJ n'est pas une sinécure. Le record détenu par une ancienne collaboratrice est de plus de trois heures de lévitation et n'a jamais été égalé depuis. La qualité du verrou rotulien des genoux y contribue évidemment. L'ACJ est un antidépresseur naturel dont les performances ont été bénéfiques pour nombre de mes patients d'autrefois. N'exerçant plus comme psychothérapeute depuis plus de dix ans, je n'ai pas pu établir de résultats statistiques. Cependant, en tant qu'ancien dépressif, je peux vous assurer que l'ACJ m'a permis de remonter du 36ᵉ dessous à plusieurs reprises, et dans un laps de temps plus court que la prise d'antidépresseurs à base de benzodiazépines. Je suis prêt à relever le gant de n'importe quelle académie ou laboratoire pharmaceutique dans le soulagement ce type de troubles. Évidemment, l'ACJ peut aussi servir d'adjuvant à une médication allopathique ou naturelle.

La programmation de l'ACJ vient en confirmation du verrou oculaire. Elle s'induit par le truchement d'une fable inductrice que vous pouvez télécharger sur le site de l'École des gestes, si la PNG vous interpelle.

L'aphémie sélective des cordes vocales

Je reprends partiellement un chapitre de *Ces gestes qui vous changeront la vie*.

L'aphémie sélective des cordes vocales est un conditionnement opérant. Son utilité déborde largement l'immersion linguistique, comme vous allez le constater immédiatement, même si je l'avais mise au point dans cette optique à l'origine.

L'immersion linguistique en aphémie sélective

Dans le même ouvrage j'insistais sur l'objectif consistant à censurer certains contenus de la mémoire au niveau de leur expression vocale, sans pour autant en effacer le souvenir conscient. Si on vous provoque une aphémie sélective dans le but d'améliorer votre communication dans une langue étrangère, vous serez incapable objectivement de faire appel à votre langue maternelle mais vous la comprendrez parfaitement. Vous n'aurez pas d'autres choix, pour vous exprimer, que de puiser dans le vocabulaire de la langue étrangère dont vous disposez. Si ce dernier se limite à un millier de termes de base que vous venez d'intégrer dans le cadre d'une immersion linguistique, vous formerez naturellement de courtes phrases mal construites pour vous faire comprendre de votre interlocuteur. Aucun terme de votre propre langue n'étant accessible, vous serez contraint et forcé d'exercer vos maigres connaissances pour vous faire comprendre. De la même manière, l'aphémie sélective servira à entériner dans votre mémoire vive les expressions ou les phrases types de la conversation courante que vous aurez captées au cours de votre immersion linguistique.

Il est possible, voire certain, que ce programme soit un conditionnement typiquement hystérique à la base, cependant son utilisation répétée entraîne un conditionnement opérant de type pavlovien, sans pour autant provoquer de modifications délétères de vos comportements. La gratification que génère cette posture au niveau strictement intellectuel est immense. La frustration ressentie au moment où vous constaterez qu'il vous est impossible de faire appel à votre langue maternelle disparaîtra au profit d'une fierté légitime d'oser vous exprimer dans la langue que vous apprenez.

C'est le principe de la régression du mode de communication qui motive le recours à la mémoire spontanée et le refoulement de tout principe de construction mentale pré-établie, comme c'est le cas dans la langue maternelle. Vous tenterez de répondre aux questions de l'enseignant sans réfléchir préalablement à l'ordre des mots dans la phrase. Vous puiserez instinctivement dans votre stock de mots étrangers pour vous exprimer. Mais ce n'est pas là le seul avantage de cette posture. L'aphémie sélective permet aussi de soustraire certains termes qui sont de véritables facilitateurs névrotiques et elle devient alors un outil psychothérapeutique à part entière d'une efficacité redoutable.

En fait ! Connaissez-vous ce tic énervant qu'ont certaines personnes de répéter ces mots toutes les dix secondes ? Elles se rattrapent à cette bouée de secours pour ne pas sombrer dans l'incohérence de leur discours. Ainsi les *moi, je* ; les *moi, mon ; et moi, et moi, et moi ?* Les adeptes du Moi à toutes les sauces sont souvent atteints d'égotisme infectieux. Ils ne sont pas contagieux, mais leur propension à se cacher derrière leur ego devient vite insupportable pour leur entourage. Les *si tu veux* sont des névrosés qui ont besoin de votre accord pour agir. Et puis, les *n'est-ce pas* qui ne sont sûrs de rien et manquent totalement de confiance en eux, les *je vois* des aveugles potentiels, les *je pense que* contemplatifs, les *je crois que* des incrédules, les *je voudrais bien* des velléitaires, les *j'aimerais que* des mendiants affectifs, etc. Rien que des mots qui trahissent l'attitude mentale perturbée de ceux qui les utilisent à tour de bras comme des refrains obligatoires ou comme des tics verbaux incontournables.

Toutes ces formules sans importance qui émaillent la communication orale sont les souches virales d'un trouble en voie d'apparition ou d'un conflit déjà bien installé. Faire prendre conscience à un patient ou un consultant de ce genre de refrain verbal ne pose aucun problème. C'est au moment où il faut trouver le moyen de déprogrammer ces tics de langage, que les choses deviennent compliquées. Car ils sont évidemment symptomatiques d'un malaise, ou d'un trouble psy ou comportemental, qu'il va falloir déterrer pour enterrer la hache de guerre.

Par exemple, l'usage itératif du verbe « falloir », dont le sujet « il » ne correspond en principe à personne, est en fait un verbe téléguidé par le Surmoi. Un verbe contraignant, et la contrainte peut devenir un véritable enfer. Il peut être remplacé par le verbe « devoir » dont le sujet est « je ». Ce qu'il faut faire n'est pas ce que je dois faire. « Il » n'est pas la même personne que « je ». La contrainte du verbe « falloir » n'est pas l'obligation délibérée du verbe « devoir » dans laquelle « je » m'engage. Personnellement, j'ai eu un mal fou à m'en débarrasser. Restent les *il va falloir que je m'y colle*, qui sont des procrastinateurs sacrificiels soumis à l'image de l'autorité parentale ou de ce qui s'y substitue (entreprise, patron, chef de service, etc.).

L'utilisation de l'aphémie sélective dans ce contexte précis provoque, à terme, une abréaction salutaire du conflit refoulé sur lequel reposent tous ces refrains viraux. Si vous êtes le stagiaire, vous ne devez faire aucun effort d'écoute particulier pour les empêcher de se produire. Ils sont effacés de votre discours pendant la durée de l'exercice. Un exercice d'aphémie sélective de contenus dure en général un quart d'heure, voire une demi-heure, ou jusqu'à ce que vous demandiez grâce. Cela peut vous paraître anodin ; si vous y passez un jour prochain, vous aurez l'occasion de constater les effets fabuleux de l'aphémie sélective sur vos conduites.

La déprogrammation naturelle de ces tics verbaux intervient essentiellement dans des ateliers collectifs ou particuliers. Naturellement, le conflit ou la conduite névrotique sur lesquels reposent les tics verbaux doivent être pris en considération par l'animateur PNG afin d'éviter leur retour en force ou le glissement vers une formulation parasite de substitution.

Déprogrammer la morbidité

Difficile de changer discours pour écrire autrement ce qui a déjà été bien expliqué, raison pour laquelle je bisse ce passage sur la morbidité. À la fin d'un deuil affectif, d'une perte d'emploi ou d'une faillite commerciale, d'une situation affective conflictuelle, etc., il est parfois très utile de censurer la morbidité globale du discours. En effet, ce dernier sert de tremplin au défaitisme militant dont la situation de précarité est le déclencheur. Contrairement à ce qui est admis, je pose l'hypothèse suivante : ce ne sont pas les autres qui sont vos miroirs, mais les mots que vous employez qui reflètent et entretiennent la bonne ou la mauvaise image que vous avez de vous-même. Le débat est ouvert. Réfléchissez à la proposition énoncée et songez aux ravages de la morbidité du langage à laquelle vous avez sûrement déjà été confronté au cours de votre « misérable » existence.

Techniquement, il est indispensable d'avoir recours à un animateur de PNG confirmé pour rendre le conditionnement de l'aphémie sélective opérant. Il est impossible de la maîtriser de manière autonome, même avec la fable inductrice qui lui sert de code d'accès.

Bien d'autres potentialités de l'aphémie sélective des cordes vocales restent à découvrir ou à imaginer, selon les contextes, notamment le recours à cet outil dans le contexte du harcèlement moral. Aider les victimes à se protéger contre leurs persécuteurs en programmant *l'aphémie de suspension*, notamment, afin qu'ils puissent se protéger contre les propos manipulateurs. Cette dernière formule de l'aphémie est une espèce de frein moteur qui vous empêche de couper la parole à votre adversaire.

Le blindage mental

(Je fais également référence à cette technique dans l'ouvrage cité plus haut)

Exemple

« *"Allô !" Je décroche et je coupe automatiquement mes cordes vocales. Aphémie de suspension ! À l'autre bout du fil, j'entends une respiration lourde, menaçante, malsaine. J'enracine mes pieds dans le sol et j'attends. Finalement, "on" raccroche. La sonnerie du téléphone retentit à nouveau. Je re-décroche pour le jeu. Pas d'allô ! Je suis automatiquement en aphémie de suspension, les pieds toujours enracinés. Je sens bien qu'à l'autre bout du fil, le correspondant qui cherche à me harceler est frustré par ma réaction atypique. Il voudrait m'insulter, mais sa respiration s'accélère. Je ne dis rien puisque mes cordes vocales sont coupées. Lui non plus ! À la troisième sonnerie, je décroche. Il craque. Il finit par me menacer d'une voix retenue, mauvaise. Je ne ressens rien. Pas d'angoisse, pas de colère, aucune envie de lui répondre. Il parle à mon reflet dans le miroir de sa propre conscience. Je suis absent vocalement, totalement indifférent à ses menaces stupides. L'aphémie provoque une forme d'alexithymie (indifférence affective). Pas d'humeur mais une maîtrise totale de la situation. Il va me les couper. Je souris. Comment pourrait-il me les couper par téléphone ? Il raccroche brutalement. »*

L'*aphémie de suspension en situation d'examen* ou *d'exception* est un système de défense territorial absolu contre la violence verbale, la manipulation ou le harcèlement. C'est aussi un merveilleux outil de pouvoir.

Vos cordes vocales se coupent automatiquement dès que votre interlocuteur prend la parole. Elles se débloqueront s'il vous pose une question et si vous avez envie de lui répondre. La déprogrammation se manifeste toutefois sous la forme d'une aphémie de suspension chez un sujet entraîné. Elle sert aussi de signal intime. Je m'explique. Le manager avec lequel vous travaillez est un « cadre noir », mais vous l'ignorez. Il a pour mission de vous déstabiliser pour vous presser comme un citron et vous rendre ainsi de plus en plus improductif. La dernière marche avant le placard. On dit qu'il vous « machinise ». Dès que le ton ou le contenu de son discours prendra une tournure voisine du harcèlement, vos cordes vocales entreront en résistance : aphémie totale ou de suspension spontanée. Il ne s'agit pas d'une coupure du son liée à un accès de timidité ou de soumission, mais un signal de votre conscience vigile (ou surmoi) qui vous avertit d'un danger. Il faut alors contrôler la réalité de la coupure du son en question. Ses propos critiques tomberont à plat dans la mesure où vous ne ressentirez aucune impression de mise en cause personnelle. Il s'évertuera à vous culpabiliser en vain. C'est comme s'il tentait de piétiner votre ombre. Et vous n'êtes pas votre ombre. Essayez d'imaginer que votre conjoint se fâche contre votre reflet dans le miroir ! Le sentiment d'être ridicule s'empare rapidement de celui ou celle qui vous agresse verbalement !

Vous retrouverez ce verrou très particulier dans le chapitre suivant, dans lequel je développerai son usage pour accroître votre charisme.

La séduction de masse

L'alchimie de la séduction de masse, au sens large du terme, prend son essor au niveau du regard. Qu'il s'agisse d'une rencontre amoureuse, d'un auditoire ou d'une foule de spectateurs, le *modus operandi* est identique. Ne séduit pas qui veut mais qui maîtrise les codes de la séduction ! Et ce mode opératoire prend sa source dans le pouvoir oculaire, certaines postures corporelles et un répertoire gestuel revu et corrigé.

La neutralisation du Moi psychique exige une prise de conscience de la réalité de l'autre, quel que soit le type de relation que vous entretenez avec lui. Tout part du regard que vous posez sur autrui et d'un investissement massif de votre Moi dynamique.

Le leadership est un geste du regard

Apprendre à regarder l'autre, c'est aussi apprendre à céder un temps de parole à vos yeux. Car il est difficile de se focaliser sur le regard d'un interlocuteur et de lui parler en même temps. Quand vous développez une argumentation, votre vision de l'autre se globalise tout en conservant la direction de son visage. Le regard séducteur est un regard muet, un regard qui tient plus de l'admiration que de la concupiscence ou de la méfiance. Aucun être humain ne peut résister à ce type de regard sans se sentir gratifié. Comme je l'ai déjà évoqué, ce qui donne au regard son impact, c'est le sentiment dans lequel il prend sa source. L'admiration est une sublimation du sentiment amoureux. Si vous associez votre regard à ce sentiment, l'autre le recevra comme une récompense suprême et vous ouvrira la porte de son âme. Quand vous regardez jouer vos enfants, vous adoptez automatiquement ce type de regard.

Attention ! Ce regard ne fonctionne que s'il demeure muet… d'admiration. Si vous vous mettez à parler, l'effet magique disparaît. Détournez les yeux dès que vous ouvrez la bouche pour persuader votre interlocuteur et n'utilisez le regard allocentrique qu'après avoir cédé votre temps de parole ! Contrairement à ce que conseillent certains auteurs ou spécialistes de la communication agressive, pour persuader un interlocuteur, il faut éviter à tout prix de vous focaliser sur son regard. Utilisez toujours le regard périphérique en vous exprimant et focalisez quand il prend la parole à son tour. Attention, cependant, de ne pas induire un malaise qui se traduirait par un zapping visuel constant de sa part. Si vous focalisez en objectant mentalement, l'intensité de votre regard trahira votre attitude mentale.

Comment acquérir un regard charismatique ?

La fréquence vibratoire de votre regard dépend uniquement des pensées qui occupent votre mental ou en d'autres termes, la fréquence vibratoire de chaque sentiment entraîne une variation de l'intensité lumineuse du regard et de la taille des pupilles. Par fréquence vibratoire, j'entends longueur d'onde émotionnelle d'un affect. Si je prends comme exemple la fréquence vibratoire de la haine ou de la colère, j'aurais une rétractation maximale de la pupille dans un regard d'une intensité haineuse insupportable, voire effrayante pour celui ou celle à qui ce regard est adressé. La fréquence vibratoire du mépris s'exprime aussi par d'autres signes du visage et de la rotation de la tête qui donne au regard le décor *ad hoc*. Idem pour le dégoût ! La tristesse s'accompagne d'une fréquence vibratoire oculaire introvertie et d'un subtil abaissement des paupières. L'éducation de votre regard dépend donc de la qualité de vos sentiments. Et la qualité de vos sentiments procède de celle de vos pensées spontanées et réactionnelles. Plus vous prendrez de la distance avec les événements qui articulent votre vie, plus vous évacuerez vos conduites de stress et les angoisses dont vous bombardent vos proches. La pratique de la PNG vous aidera à évacuer le trop-plein de pensées parasites qui encombrent votre esprit et perturbent la fréquence vibratoire de vos sentiments les plus constructifs.

Les yeux d'abord !

Chaque fois que vous serez obligé de répondre à votre interlocuteur, de prendre la parole pour n'importe quelle raison, de la plus sérieuse à la plus futile, d'interpeller un collègue pour l'informer ou simplement bavarder, imaginez que ce sont vos yeux qui doivent exprimer en premier la synthèse de votre attitude mentale avant que votre bouche n'intervienne.

Laissez parler vos yeux avant d'ouvrir la bouche !

Cette conduite provoquera un léger décalage entre le regard que vous portez sur votre interlocuteur et la réponse qu'il attend de vous. À force de réagir de cette manière, vous mettrez progressivement une distance mentale entre vous et les autres, une distance propice à vous protéger de leurs angoisses ou du stress qu'ils tentent de vous faire partager. Votre regard se modifiera en même temps que la vision du monde qui vous entoure. Le secret tient uniquement à l'installation de cette distance mentale.

Un tout petit pas dans votre esprit,
Un grand pas dans votre vie.

Ce qui nous amène naturellement au charisme.

7e ingrédient : le charisme

Le méridien morphologique du charisme

Un nez peut servir à beaucoup de choses, à condition de savoir s'en servir. Prenons par exemple la grille posturale du sourire qui se pratique en PNG. Une grille posturale se compose de sept verrous faciaux qui se combinent pour détendre les muscles qui participent à la production du vrai sourire. Le sourire dit Duchêne. Au départ, j'ai posé l'hypothèse que le fait de pratiquer un verrou du *nez* était associé au méridien du savoir-faire ou du charisme. Cette hypothèse repose sur l'observation gestuelle de nombreux chefs d'entreprises, de politiciens de renom et de cadres supérieurs, comparativement à une population d'individus étudiés dans l'exercice de fonctions subalternes. Il ne s'agit pas d'observer la morphologie du nez, qu'il soit menu ou proéminent n'entre pas en ligne de compte. J'ai remarqué à maintes reprises que le nez est la partie anatomique qui bougeait le plus chez les sujets observés dans la catégorie « leaders ». En revanche, cette obser-vation m'a permis de constater que l'appendice nasal de la population comparative demeurait relativement figé, quelle que soit l'expression du visage.

On peut objecter que les sujets vivant dans une certaine aisance financière ont plus souvent recours au rire franc et massif, objection retenue et parfaitement justifiée. Et l'interaction musculaire entre le nez et la bouche n'est un secret pour personne. Ce qui laisserait sous-entendre que le rire est l'apanage des gens heureux de vivre, ce qui tombe sous le sens. Le rire, mais pas forcément le sourire vrai de vrai.

L'étape suivante a consisté à observer les participants à certains de mes stages de groupe, tandis que j'induisais chez eux une transe décharge du nez. Mis à part un léger mouvement, dit des narines dilatées, le nez de ces sujets s'appuyait sur un registre biodynamique relativement pauvre. Il s'agissait, en règle générale, de personnes en recherche d'emploi ou salariées. Est-ce que l'habitude d'obéir aux ordres ou de se conformer à des règles établies peut avoir une incidence sur le mode d'expression du nez ou sa mobilité ?

Le nez est le siège d'une vasodilatation d'un système veineux en cas d'excitation sexuelle. Cet afflux sanguin se manifeste aussi quand le sujet exprime sa passion. Cet afflux sanguin est probablement à l'origine de la mobilité du nez chez les personnes qui vivent leurs rêves au lieu de rêver leur vie.

Certains grands comédiens ont aussi un nez très expressif. Qu'on se souvienne de Louis de Funès, de Robert de Niro, ou plus près de nous, d'un certain Nagui sur le petit écran, pour ne pas citer le ban et l'arrière-ban. Cependant, les acteurs ou les animateurs représentent une caste à part, dans laquelle l'expressivité nasale a moins d'importance que l'harmonie expressive du visage tout entier.

La popularité est, avant toute chose, une question d'énergies et leurs traductions sur les plans physiques et mentaux. Comme disent les comédiens anglophones, lorsque tout va mal, « *the show must go on...* » car les succès ignorent la pitié et manquent totalement d'indulgence pour ceux qui sont victimes d'une faiblesse énergétique passagère.

Le corps est à l'esprit ce que l'intelligence est à la pensée humaine. Que serait la pensée sans l'apport de l'intelligence ?

L'esprit n'a pas uniquement besoin du corps comme d'un lieu de confort ou, littéralement, comme vaisseau spatial, le corps est aussi le siège des énergies vitales dont le psychisme se nourrit quand il ne les dévore pas comme l'ogre du conte. La PNG permet de capter ces énergies subtiles et de les transformer en fonction des besoins psychiques, organiques, comportementaux ou intellectuels des individus charismatiques.

Cultivez votre charisme !

« La capacité de plaire au plus grand nombre en vous adressant au Moi spirituel de votre public, c'est-à-dire en parlant la langue du corps », telle est la définition biopsychologique que je donne du charisme. Les acteurs de cinéma, les chanteurs à succès, les bêtes de scène, les people populaires et autres animateurs de télé ont cette faculté de nous hypnotiser. Nous sommes tous sous le charme de leur charisme. Comment font-ils ? À quelles astuces ont-ils recours ? Y a-t-il des astuces, en fait ? Est-ce que le succès génère le charisme ? Tous les personnages célèbres sont-ils charismatiques ? Quel est le rapport entre la popularité et le charisme ? Car on peut être célèbre sans être populaire, mais il est exclu d'être populaire sans être célèbre. Certains ministres sont célèbres, mais pas forcément très populaires. En revanche la popularité d'un élu procède inévitablement de sa célébrité ou de sa notoriété régionale.

L'art du silence

Il n'y a pas de leadership sans charisme, et le charisme, c'est surtout l'art de cultiver les silences qui en disent trop. En somme, l'autorité s'impose toujours en peu de mots. Plus vous parlez, moins vous dominez le débat. Cette notion est visible sur les plateaux de télé ou audibles dans les émissions de Bouvard ou Ruquier, où on sert la soupe aux copains et choisit les invités en fonction de leur statut social ou professionnel. Ça rigole entre potes, mais pas forcément au profit des auditeurs.

Le pouvoir fragilisé par la démocratisation exponentielle de l'information cède la place au leadership, ce vrai pouvoir naturel attribué par l'inconscient collectif à celui qui en est doué. Tout leader-né se doute intuitivement qu'il est, à la fois, émetteur et récepteur de phénomènes vibratoires. Les vibrations en question sont de deux ordres : attractives ou répulsives. Le carburant ou le support de chacune de ces vibrations sont, respectivement, l'angoisse ou la fuite. Des émissions attractives trop puissantes submergent les cibles qu'elles sont censées atteindre, exactement comme le commercial anxieux qui abuse d'arguments redondants pour convaincre son client (en fuite) de plus en plus réticent.

L'émission attractive aspire au double de ce qu'elle espère mais récolte en règle générale moins de la moitié dont elle rêve.

A contrario, l'émission répulsive est mieux acceptée et mieux récompensée par son manque d'empressement. Il ne faut pas prendre ici le terme répulsif au sens psychologique du terme mais dans sa signification énergétique. Il ne s'agit pas d'un refus mais d'un frein opposé à l'énergie contraire lorsque cette dernière s'emballe. Ce jeu vibratoire se résume en une seule phrase déjà évoquée : « Suis-moi, je te fuis ! Fuis-moi je te suis ! »

C'est aussi la loi fondamentale du succès de toute entreprise humaine et, par voie de conséquence, celle du charisme. L'artiste qui séduit son public est avant tout une caisse de résonance de la vibration émotionnelle populaire. Il figure la synthèse des rêves de l'inconscient collectif. Son talent n'entre pas en ligne de compte, bien qu'il soit indispensable à la pérennité de sa carrière. Cependant, le charisme tient à une autre ressource qui précède son avènement : l'héritage génétique du sens du pouvoir, comme je l'ai déjà évoqué dans le chapitre précédent. Et qu'on ne vienne pas me dire que cette aptitude s'acquiert par l'éducation ou par l'imprégnation. Le sens du pouvoir sur lequel repose le charisme est totalement inné. Qui était le père de Lénine, de Staline ou même d'Hitler, fils bâtard d'un patron juif ?

Je l'ai déjà évoqué dans le chapitre précédent, Nicolas Sarkozy est devenu le maire de la commune la plus riche de France à l'âge de 28 ans, soufflant la place à un vieux routard de la politique, Charles Pasqua. S'agissait-il d'un heureux concours de circonstances ? Pasqua était-il en vacances ? Nicolas Sarkozy est un Tribal créatif, un profil mutant dont le charisme est l'une des principales qualités. À la fois trouveur de solutions originales ou catastrophiques, mais aussi grand fédérateur, ce qui explique sa faculté à retourner des situations désespérées en sa faveur.

Bien sûr que les fils des dictateurs reprennent le flambeau de leur ascendant mais sont-ils aussi charismatiques que leurs géniteurs, ou bénéficient-ils d'un appareil d'État ou d'une nomenclature qui les soutiennent ? Bachar El Assad, le Coréen Kim Jong-Il ou Georges W. Bush auraient-ils pris le pouvoir par la grâce d'un charisme débordant ? Ce ne sont que de pâles copies de leur père.

Le charisme d'un fou peut le porter à la tête d'un pays plus efficacement que la sagesse du Dalaï-lama ou que son intelligence politique. Les exemples de dictateurs ou de chefs d'État psychopathes ou pervers narcissiques ne manquent pas à l'appel.

Les ressorts de la popularité

N'est pas populaire qui veut mais qui peut. Comme je l'ai déjà écrit, on peut être célèbre sans être populaire mais on ne peut pas être populaire sans être célèbre. D'ailleurs le registre gestuel de la popularité n'a rien à voir avec celui de la célébrité ou de la réussite. Certains personnages populaires sont compassionnels et authentiques. Coluche en fut un très bel exemple, sœur Emmanuelle, le Dalaï-lama, Yehudi Menuhin, etc. Certains hommes politiques sont célèbres et connus du grand public car ils se servent abondamment des médias pour faire la promotion de leur image publique. D'autres élus préfèrent agir dans l'ombre pour ne pas être montré du doigt. Je pourrais vous citer un grand nombre de députés du palais Bourbon qui font vraiment leur métier d'élus tandis que d'autres se contentent de paraître pour exister aux yeux du public en rêvant d'un destin national. Ils se croient populaires, ils sont juste infatués de leur notoriété, ils ne sont ni appréciés, ni estimés. Or, la popularité surpasse la célébrité, et de loin. Si les grands patrons étaient populaires auprès de leur personnel, la richesse du pays en serait transformée. Hélas, on n'exige pas des patrons du CAC 40 un diplôme de popularité mais plutôt une capacité à protéger les intérêts des actionnaires. Le capitalisme sauvage se fiche bien de ceux qui lui servent la soupe : les travailleurs, en quoi il nage à contre-courant d'une socialisation en marche de la société.

Témoignage

J'ai coaché autrefois le P-DG d'une multinationale auquel j'ai conseillé d'apprendre par cœur les fiches d'identification de ses 1 200 employés. Ça nous a pris quelques jours en utilisant des techniques de mémorisation auto-hypnotiques. Nouvellement nommé à son poste, il cherchait un moyen de se rendre populaire auprès de ses nouveaux collaborateurs. Quand il a apostrophé un ouvrier d'un de ses dépôts par son patronyme en lui demandant des nouvelles de ses gamins dont il connaissait les prénoms, le gars en est resté comme deux ronds de flan. Il a renouvelé cet exploit avec une dizaine d'ouvriers de la base et quelques employés anonymes avant que ça fasse le tour de tout le personnel. L'histoire est même arrivée aux oreilles du grand patron en RFA à l'époque. Du coup, G..., le P-DG en question, a été muté en Italie pour redresser la succursale en proie à des problèmes de communication interne. Il a rejoint la direction de la société en France, avant de terminer sa carrière comme président du management of board de la multinationale H... Sa popularité l'a poursuivi jusqu'au dernier jour de sa longue carrière.

La cure des soupirs

Le délai d'un soupir (comme en musique) pour inspirer le respect est un truc qui vient naturellement à toute personne qui détient le pouvoir. Elle est le principe fondamental du soupir musical.

Le silence est l'arme des puissants, la parole est celle des faibles. Ils écoutent, se taisent et tranchent sans appel. Or, ce délai imposé dans la réponse, ou l'intervention dans un débat, mesure un temps très court et très long à la fois. La technique s'intègre par l'induction d'une *aphémie de suspension* en Programmation neurogestuelle (PNG). L'aphémie de suspension ne s'acquiert pas en deux temps trois mouvements. La fable idéomotrice qui participe de son conditionnement ne suffit pas à l'intégrer de manière autogène, mais elle est indispensable pour préparer le terrain. La programmation d'une aphémie globale, sélective ou de suspension exige évidemment un training avec un animateur en PNG. La coupure conditionnelle des cordes vocales est un programme qui ne s'adresse pas à tout le monde. Il faut être particulièrement réceptif à la PNG et surtout exercer une fonction qui justifie ce conditionnement : politique, patron d'entreprise, professeur, officier de police, négociateur, etc. La programmation de ce verrou très particulier n'aboutit pas à un silence consciemment voulu, mais à un conditionnement pavlovien de ce silence. Qu'il s'agisse de l'aphémie globale, d'une aphémie sélective de contenu ou d'une aphémie de suspension, la programmation de ces trois variantes aboutit à de nouvelles réactions verbales et non verbales qui s'intègrent à la personnalité. La fable idéomotrice qui induit l'aphémie sert de tremplin aux trois variantes et de préparation à un stage de programmation *in vivo* très particulier. C'est le dernier niveau de maîtrise de la technique, auquel on peut accéder assez rapidement si le besoin est réel.

Vous retrouverez le texte de cette fable sur le site de l'École des gestes. Ces fables sont une bonne préparation à un stage de conditionnement des aphémies.

En effet, chaque individu ne réagit pas au temps de suspension de la même manière. Mais ce n'est pas le seul ingrédient du charisme. Mis à part la gestion des silences, il faut aussi aborder rapidement les différents codes gestuels naturalisés en verrous idéomoteurs.

Les verrous du charisme

Ces codes gestuels classiques et même archi-classiques n'ont pas le même sens ni la même portée quand ils sont reproduits spontanément ou quand ils sont conditionnés en tant que verrous idéomoteurs. Une posture produite en réaction à un contexte peut être dévalorisante là où cette même posture verrouillée devient valorisante.

Un exercice souverain : l'arpège digital

Quand les doigts sont tendus mais restent collés, les mains dévoilent un individu psychorigide, qui se gave de ses préjugés. Si les mains sont ouvertes et les doigts déliés, ce sont les mains psychoflexibles du séducteur. Les doigts s'expriment en toute liberté au rythme des propos du locuteur. Ce mode d'expression gestuel est le plus difficile à obtenir. Il exige une double conscience de tous les instants et, parfois, un travail de programmation gestuelle autonome de longue haleine. Le travail de base commence par un exercice de gymnastique digitale : les arpèges. Ce sont des mouvements digitaux que l'on observe chez les danseurs de flamenco. Il consiste à refermer les doigts l'un après l'autre en partant de l'auriculaire vers l'index en accélérant progressivement le mouvement.

Vous devez observer chaque main séparément. Celle dont le mouvement est le plus harmonieux révèle le mode séducteur. À gauche, vous fonctionnez sur un mode séducteur créatif ; à droite, votre manière de « séduire » procèdera de votre pouvoir d'influence.

Votre mode de communication sera plus manipulateur et partant, plus réducteur que séducteur. L'exercice des arpèges est un moyen souverain pour vous dénouer les doigts si vous avez tendance à vous contrôler, et c'est un excellent outil anti-stress. Mais pas seulement. Les arpèges digitaux délient vos doigts et assouplissent leurs mouvements naturels, offrant à vos codes gestuels digitaux une élégance qui stimulera votre charisme.

Le verrou du lotus

Posez votre visage dans vos paumes afin que vos mains encadrent votre visage et verrouillez. Ce verrou du lotus débute par une confirmation de 7 minutes de posture précédée d'un verrou oculaire. La posture du lotus met en valeur le visage de n'importe quel individu, quelle que soit sa beauté ou son âge. Le geste est convivial et donne l'impression d'une attention focalisée sur le discours de l'autre. La programmation de cet automatisme gestuel entraînera une reproduction plus fréquente du lotus sans que vous ayez besoin de le faire volontairement. Vous y gagnerez des points et vous emporterez la sympathie de votre interlocuteur ou du public. C'est un verrou fédérateur.

La patte de fauve droite

Le support paume droite en patte de fauve révèle une attention soutenue La stimulation de la concentration tient à peu de choses. Le verrou de la patte de fauve droite peut vous paraître anodin, il ne l'est pas. Ce verrou se conditionne facilement, comme tous les les verrous idéomoteurs. Je vous rappelle qu'un verrou est une catalepsie articulaire suggérée et conditionnelle. Il fige la posture pour stimuler ici l'attention. Il entraîne une reproduction naturelle de la posture dès qu'il faut se focaliser sur un sujet de débat ou les propos d'un interlocuteur.

La patte de fauve gauche

Le support paume gauche en patte de fauve est une provocation à coloration sensuelle en situation de séduction. Ce verrou gauche favorise l'imaginaire et la visualisation.

En règle générale, le conditionnement des deux verrous n'est pas antinomique. Cependant, suivant votre profil gestuel, vous aurez plus tendance à privilégier le verrou droit que le gauche, ou l'inverse. Les introvertis usent de la gauche, les extravertis se sentent mieux à droite.

Le verrou de l'avant-bras complice

Le verrou de l'avant-bras gauche en soutien est un geste de complicité.

Il y a une énorme différence entre la reproduction d'une des postures ci-dessus et leur verrouillage idéomoteur. Une posture naturalisée en verrou s'intègre automatiquement à votre vocabulaire gestuel et/ou postural. Elle se produit sans que vous ayez besoin d'y faire appel ou d'en prendre conscience. Le verrou de l'avant-bras gauche en appui est un plus étonnant quand il est reproduit par un politicien, mais aussi par un commercial qui cherche à convaincre son client.

Témoignage

J'ai déprogrammé le croisement répulsif de mes jambes au point que je suis quasi incapable de croiser la jambe gauche sur la droite. Cependant, quand ce code gestuel survient accidentellement, je réalise immédiatement que je vais être mis en difficulté par mon interlocuteur. Cette réaction est devenue prédictive. Elle me permet de prendre instantanément du recul et échapper à l'influence ou la manœuvre manipulatoire dont je suis l'objet. De la même manière, je sais qu'un ancrage spontané du poignet gauche va à l'encontre de mon ancrage naturel : poignet droit. Cette réaction est un micromessage de prudence de mon subconscient. Comme beaucoup d'écrivains, je ne suis pas doté de charisme, même si je sais m'affirmer sur un plateau de télé face à des animateurs qui eux sont charismatiques. Cependant, le conditionnement opérant de ces verrous me permet de leur tenir la dragée haute et de défendre mes livres pied à pied.

Comme vous l'avez sans doute compris, la plupart des postures, aussi dévalorisantes soient-elles, peuvent devenir qualifiantes en mode de verrouillage. Elles prennent alors le sens contraire et favorisent l'apparition ou la stimulation des qualités ou des atouts visés.

8ᵉ ingrédient : la séduction

Les sources de la confiance en soi

L'observation est préalable à la vision. Tous les séducteurs observent leur future partenaire, toutes les séductrices analysent les différentes informations que reçoivent leurs sens avant de plonger sur leur victime. Leur ego ne participe pas à l'observation. Une projection de leur Moi sur l'autre ne peut être assimilée à une entreprise de séduction, c'est tout au plus une attitude narcissique. Dans le même ordre d'idées, *l'observation autoscopique* est paradoxalement la racine d'une observation objective de l'autre.

L'observation autoscopique

« Je suis incapable d'observer l'autre objectivement si je ne prends pas conscience des limites de mon propre territoire corporel. » Telle est la règle. Dans un contexte plus spécifique, je ne peux séduire l'autre, le public, que si je suis à l'écoute de mon corps au détriment de mes pensées.

Je suis à la fois l'acteur physique, chorégraphique et le spectateur de mon propre personnage. L'attitude est narcissique, mais elle a le mérite de neutraliser les pensées parasites ou oppositionnelles qui brouillent le message en provenance de l'autre ou du public, que je veux séduire. L'autoscopie se programme à l'aide de certains verrous spécifiques en PNG, verrous que vous pourrez retrouver sur le site Internet de l'École des gestes [1].

Savoir séduire

Vous l'ignorez peut-être mais votre charme naturel dépend entièrement de votre langage corporel. Votre pouvoir de séduction au sens large du terme est fonction de la richesse de votre vocabulaire gestuel et mimique. Que ce soit votre regard qui fascine vos interlocuteurs ou interlocutrices, votre sourire qui les fait fondre ou certaines des mimiques involontaires que vous reproduisez à satiété, vous êtes définitivement un séducteur/une séductrice à 150 %. Certains séducteurs n'existent pas sans leur capacité à exprimer les mots qui touchent les émotions de leur entourage, d'autres s'appuient sur un physique zéro défaut ; et puis, il y a ceux ou celles qui manient tellement bien l'humour qu'on leur pardonne bien volontiers un look passe-partout. N'essayez pas de décoder ces gestes sur lesquels repose votre pouvoir de séduction pour tenter d'en prendre conscience, ce serait comme de changer de vitesse sans l'automatisme qui vous permet de vous

1. www.ecoledesgestes.com

concentrer sur votre conduite automobile. La séduction fait partie de votre nature, mais il est parfaitement possible d'éveiller ce pouvoir par voie de reprogrammation neuro-gestuelle. Le vocabulaire gestuel d'un individu dépend avant tout de son niveau de réussite dans la vie. Mais pour réussir, vous devez maîtriser les codes gestuels de la séduction. Alors, le chien qui se mord la queue ? Pas forcément !

La lumière intérieure

Le pouvoir de séduction *largo sensu* n'a rien à voir avec le look ou un physique zéro défaut. Il s'agit plus de cultiver une lumière intérieure que d'améliorer ou de replâtrer la façade. Une lumière qui provient de la couleur que prennent vos pensées. Les pensées parasites, spéculatives, comparatives, envieuses, ou encore haineuses éteignent cette lumière et handicapent votre pouvoir de séduction, ce qui vous paraîtra logique. Les doutes, les sentiments d'échec ou d'abandon aussi. La culture de la lumière intérieure commence donc avec un nettoyage de votre Moi psychique (celui qui pense) et une stimulation du Moi spirituel (celui qui croit).

Être capable de positiver une situation désespérée est un exploit dont peu d'entre nous sont capables. Offrir sans attendre en retour, aimer sans avoir besoin d'échanger vos sentiments, aider sans demander à être rétribué sont des attitudes positives sur le plan énergétique et non des conduites de boy-scout, quoi que vous en pensiez. Et ces conduites alimentent votre pouvoir de séduction parce qu'elles rassurent celui, celle ou ceux qui en bénéficient. L'agressivité doit être sublimée et réinvestie dans la dynamique de l'action. Accepter les refus de vos projets ou le rejet de vos propositions comme des réactions normales et non comme des blessures qui écorchent votre amour-propre est un pas important dans l'idée du changement d'attitude mentale. Ce qui ne signifie pas qu'il faille sourire béatement et tendre l'autre joue.

Si un client vous joue les filles de l'air, oubliez-le et passez à autre chose sans regret. Si vous laissez un message sur la boîte vocale d'un collègue, d'un ami ou d'une connaissance et que celui-ci « oublie » de vous rappeler, cela voudra dire que vous avez disparu dans la trappe de ses souvenirs vidangés. Vous n'êtes plus consigné. « *Hasta luego* », chantait autrefois Hugues Aufray (je vous l'accorde, ça n'est plus très frais). Les sexagénaires ou plus si affinités s'en souviendront. « Adieu l'ami, nous nous retrouverons dans une autre vie », une formule magique à penser très fort pour vous débarrasser de la frustration qu'on vous a fait encaisser. Il y a comme ça des répliques à apprendre par cœur, car elles font du bien et servent surtout de bouclier psychique aux humeurs délétères qui viennent corrompre votre optimisme (un synonyme un peu désuet de la formule « pensée positive »). Mais les choses se passent aussi à l'extérieur de l'esprit. Le sourire est l'une des grimaces les plus utiles pour séduire, et ce pour autant que vous ayez appris à sourire vrai.

Le sourire pour les nuls

Je reprends ici un extrait essentiel de *Le Langage des gestes pour les Nuls*, un ouvrage que je vous recommande, pour enrichir mon propos et votre connaissance de la gestuelle.

À l'origine, le sourire est un signal de bien-être, voire de sérénité, en même temps qu'un signal de bienvenue. Il est devenu une grimace sociale avec la progression de l'animosité et de la violence qui a dénaturé les relations sociales. Le sens profond du sourire s'est perdu pour ne plus représenter qu'une manière de se protéger de la peur des autres. Un acte de soumission en quelque sorte. Si vous êtes attentif au sourire de vos proches, vous remarquerez très vite que chacun sourit à sa manière et que ce sourire ne varie jamais. Soit, il dévoilera les dents du haut, soit les dents du bas. Soit il vous offrira un pauvre sourire qui ne dévoile pas ses dents, lèvres verrouillées comme le coffre d'une banque suisse. Soit il écartera les lèvres en un sourire total du haut et du bas. Soit il vous décernera un demi-sourire en solde. Chacun de ces sourires est une programmation mimique irréfragable qui s'inscrit dans la somme des refrains gestuels invariables. Chacun dévoile un aspect particulier du caractère. Immuable.

Il faut apprendre à sourire en abusant du miroir de la salle de bains ou du rétroviseur de votre véhicule dans les bouchons. Négliger une telle arme, c'est se priver de missiles balistiques intercontinentaux dans une guerre mondiale. Aucune victoire ne peut s'envisager sans un recours au sourire authentiquement retravaillé pour les besoins du service. Ça vous choque ? Le sourire est une arme fondamentale dans la course au succès. Et la peur de l'échec se marque notamment au niveau de la mobilité des joues. Plus le doute s'installe, plus le sourire se fige et les joues deviennent alors des bajoues. Un sourire figé entraîne une perte de tonicité de la peau du visage.

Vous êtes capable de concevoir qu'il est indispensable de passer par des cours réguliers de fitness pour retrouver un tonus musculaire égaré dans une forêt vierge d'efforts, ou qu'il faut faire des abdos pour retendre un ventre mou. J'arrête là mes exemples « qui-tombent-sous-le-sens ». Mais je vous affirme qu'il existe des exercices de gymnastique isométrique pour reprogrammer un sourire.

La technique à laquelle je fais référence existe bel et bien. Je l'ai pratiquée en personne et je l'ai faite pratiquer au cours de mes stages *in vivo*. Il s'agit en PNG d'une gymnastique psychotonique qui entraîne une série de convulsions des muscles orbiculaires de la bouche et des yeux, des joues et des muscles qui entourent le nez. Cette technique s'apparente à une transe des muscles peauciers du visage. Elle se programme facilement chez la majorité des gens dans la mesure où elle n'exige aucun état de conscience particulier, comme c'est le cas pour la sophrologie ou l'hypnose. Ces convulsions musculaires sont parfaitement involontaires et provoquées par l'écoute d'une fable inductrice que vous pouvez retrouver sur le site www.ecoledes-gestes.com et dont le texte partiel est repris en fin de chapitre pour les amateurs de fables de développement personnel.

La valeur ajoutée du sourire

Est-ce que le simple fait de réapprendre à sourire va changer le cours de votre vie ? Votre sourire n'est pas uniquement une grimace sociale, mais aussi une arme indispensable pour atteindre vos objectifs.

Seconde arme fatale de la séduction au sens large du terme (le regard demeure le champion toutes catégories confondues), le sourire tisse instantanément un lien de complicité ou de connivence entre deux inconnus qui se croisent l'espace d'un instant et qui ne se reverront jamais plus. Cet échange empathique leur a permis de partager un bref moment de sérénité. Ils sont passés en un clin d'œil d'un niveau de conscience introspectif, c'est-à-dire centré sur l'ego, à un niveau de conscience extratensif, c'est-à-dire délivré de l'ego. Tout sourire oblitère la prédominance de l'ego au profit d'un bref échange énergétique entre deux individus qui ne se connaissent pas forcément. Nous entrons pour ainsi dire en congruence vibratoire avec autrui. La sérénité que nous percevons brièvement est l'antonyme de l'agressivité naturelle du genre humain. On peut donc considérer le sourire comme un dispositif hypnotiseur biologique destiné à paralyser les pulsions agressives que chacun ressent naturellement face à un étranger ou un intrus qui pénètre dans son territoire. Je fais évidemment référence au vrai sourire et non à la pauvre grimace qui y ressemble.

Le sourire correspond à la vitesse de la lumière sociale qui nous rapproche les uns des autres, il est le seul moyen de raccourcir les distances qui nous séparent. Il est l'antichambre de la sérénité et un indice de bonne santé sociale des individus qui composent une population. On peut considérer qu'il sert notamment à rendre les rapports plus homogènes entre les différents groupes ethniques de la planète.

Bienvenue chez moi

Une entreprise dans laquelle les personnes chargées de l'accueil oublient le signal de bienvenue du sourire est une entreprise vouée à disparaître. Le client dépaysé qui s'approche d'un bureau hôtelier a besoin d'être rassuré sur un point précis : est-il le bienvenu ? Seul le sourire de la personne qui se trouve de l'autre côté du comptoir peut le rassurer sur ce point. Certains établissements haut de gamme ne pratiquent pas le sourire avec le premier venu ou privilégient le sourire hiérarchique, un sourire adaptatif, fonction du niveau de fortune du client. Ces établissements sont des exceptions qui ne s'adressent qu'à une clientèle plus cosmique que cosmopolite. Même les boutiquiers ne peuvent plus se permettre de tirer la tête à leurs clients sans voir fondre leur chiffre d'affaires. Et si le sourire qu'ils plaquent sur leur visage n'est qu'un fac-similé de grimace sociale, ils peuvent encore sauver les apparences grâce à ce subterfuge. Car le sourire qui est la première interaction avec le monde chez le nourrisson est aussi un passeport social incontournable dans une société qui se veut civilisée comme la nôtre.

Ce que l'on sait moins, c'est que le sourire qui est la première interaction du nourrisson avec le monde qui l'entoure est aussi la dernière interaction du mourant qui a beaucoup souffert et s'en va soulagé, le cœur en paix. Les mourants sourient parfois au moment de leur trépas, et ce sourire réflexe et singulier a fait dire aux croyants qu'ils entrent au paradis.

Un code universel, voire cosmique

Le sourire est un code universel dont la programmation est intégrée dans les marqueurs de l'hérédité humaine, et pourquoi pas dans celle des extraterrestres qui nous observent à notre insu, peut-être. Un sourire certes ironique.

Le processus biochimique complexe (qui trouve sa source dans le système dopaminergique – hormone du plaisir) qui aboutit au sourire par l'activation de nombreux muscles buccaux et oculaires de la branche zygomatique ne peut avoir une origine récente dans l'évolution du genre humain. Il est certain que le sourire existait déjà chez les hominidés les plus proches de nos ancêtres. On peut d'ailleurs inférer que si le sourire n'avait pas existé, nous n'aurions peut-être jamais développé la civilisation que nous connaissons aujourd'hui. L'évolution de la parole a été aussi fondatrice de la civilisation humaine, bien évidemment. Mais la quote-part du sourire a, je le crois volontiers, été déterminante dans l'émergence d'un sentiment essentiel et antidote de la cruauté si typiquement humaine : la compassion.

Votre sourire est comme une porte qui s'ouvre, une invitation à mieux se connaître. Mais parfois, le sourire dont vous usez et abusez sans réserve devient un rictus social dont disparaît toute séduction en raison de la rigidité de vos maxillaires. Le gloussement qui l'accompagne ne suffit pas à donner le change, le sourire n'est pas le rire mais l'ambassadeur du charme qui émane de votre personnage.

Le sourire est l'une des armes les plus efficaces dont vous disposez pour plaire à votre entourage ou pour séduire vos interlocuteurs. Le sourire tue l'échec ou l'installe à demeure dans les micro- et macro-sillons qui creusent votre visage. Un vrai sourire éclaire votre face, se lit dans votre regard, s'aperçoit à la lisière des joues et marque même vos arcades sourcilières ou votre front. Il est aisé de distinguer les faux sourires de nos hommes politiques ou des stars de la télé de ceux que nous nous adressons par sympathie pure. Le faux sourire est mécanique, il ne marque que le bas du visage. Le regard n'y participe jamais. Pourquoi ? Parce que ce type de sourire ne s'est pas affranchi de l'ego du « sourieur ». Quand l'ego se retire du jeu, le sourire devient offrande.

Dis-moi à quoi tu penses ?

Les mimiques de votre visage dépendent étroitement de la qualité des pensées qui vous traversent l'esprit. À plus forte raison, un climat mental négatif entraînera toujours un appauvrissement de la richesse mimique de votre face. Quand un interlocuteur étale sa misère devant vous, il ne vous viendrait jamais à l'idée d'en rire, ou alors d'amertume. Votre visage se figera dans un masque approprié à l'étendue du malheur qui le frappe. Réaction parfaitement adaptée à l'atmosphère qu'il a mise en scène. S'il vous arrive d'analyser l'ambiance qui règne dans votre propre mental, tout en prenant conscience des limites corporelles de votre visage, vous constaterez très vite que ses contours sont plus toniques ou, à l'inverse, plus figés en fonction de la qualité de cette atmosphère ou météorologie mentale.

Votre sourire est un signal de satisfaction, voire de sérénité, en même temps qu'un signal de bienvenue. Il est devenu une grimace sociale avec la progression de l'animosité et de la violence qui a dénaturé les relations que vous entretenez avec les inconnus, des collègues ou même des proches. Le sens profond du sourire s'est perdu pour ne plus représenter qu'une manière de se protéger de la peur des autres. Un acte de soumission, en quelque sorte.

Une gym du sourire

Mais il existe une gymnastique du sourire, étroitement associée à la production d'images mentales prédonnées. Imaginer des scènes cocasses génère un sentiment d'apaisement, sentiment qui oblitère l'agressivité. En effet, le message que délivre votre sourire varie en fonction de son support mental. Et le sourire, mes chers amis, est une grimace qui se travaille en PNG. Deux voies sont possibles :

1. Le verrou du sourire qui se travaille sur fond de fable idéomotrice, fable qui est disponible sur le cédérom n° 2 téléchargeable sur le site de l'École des gestes.

2. La transe décharge du sourire qui est une réaction spectaculaire des muscles du visage et qui s'obtient également au départ d'une fable idéomotrice légèrement différente de la première. Le visage est agité de tics et de soubresauts musculaires conduisant à des grimaces souvent cocasses mais dont l'effet est roboratif pour la tonicité de la peau du visage.

Le rôle du regard

Les yeux ne représentent rien sur le plan psychoanatomique si on les dissocie des expressions du regard, sachant aussi que les pupilles sont les ambassadrices de l'âme. Un organe qui additionne l'orientation des yeux à la couleur des iris et aux mouvements de dilatation ou de rétraction des pupilles est un appareil ultra-sensible aux stimuli du monde extérieur. Dès lors, le regard est une entité anatomique à part entière dont les expressions trahissent les sentiments. Et le vrai pouvoir de séduction charismatique est oblatif, généreux si vous préférez ! Il repose sur un regard qui observe l'autre, sans y mêler les pensées parasites d'un ego hypertrophié ou d'un sentiment comparatif d'envie ou de jalousie.

Le regard allocentrique

Comme je l'ai déjà évoqué auparavant, on apprend à discipliner son regard. Un regard qui subjugue est le regard d'un individu qui a réussi le tour de force de se débarrasser entièrement de la pollution de son propre ego lorsque ses yeux se posent sur autrui. Il est curieux que nous adoptions tous ce type de regard, le plus naturellement du monde, quand il nous arrive d'admirer un paysage ou une toile de maître. Si vous observez les visiteurs du musée du Louvre, vous croiserez ce type de regards dans tous les recoins du musée. Un acteur de talent est capable de produire ce regard allocentrique sur commande. Le regard allocentrique accroche la lumière d'une manière très différente de son contraire : le regard égocentrique. Les acteurs américains sont des spécialistes du regard allocentrique. Les acteurs français, en revanche, sont moins fans de ce type de regard.

La sensualité de vos gestes

Monica Bellucci est un modèle de séduction et de sensualité active et agressive. Mais la sensualité est surtout une affaire de gestes et de postures bien avant que n'interviennent la manière de se vêtir, le maquillage ou le timbre de la voix. Il existe une esthétique gestuelle qui stimule la séduction sensuelle. Ce n'est pas qu'une affaire de look, de choix vestimentaires ou d'attitudes corporelles. La séduction sensuelle n'a rien à voir avec la fascination pour les postures lascives qui dévoilent les charmes. Une femme peut être vêtue d'un niqab et dégager une sensualité folle. En revanche, la minijupe, un nombril à l'air et des seins au balcon ne sont pas une expression de la sensualité.

Le profilage verbal de la sensualité

Il existe des mots qui « sensualisent » le discours, d'autres qui neutralisent la sensualité verbale. Ce que « j'aime » n'est pas ce que « j'aimerais » ou que « j'aime bien ». Ce que « j'imagine » n'a rien à voir avec ce que « je pense ». « Ce qui me fait craquer chez vous est un léger strabisme convergent dans le regard. » La remarque peut être mal prise mais le verbe « craquer » appartient au vocabulaire de la sensualité. Son usage dans la phrase modifie totalement la teneur émotionnelle du message.

La gestuelle de la sensualité : comment la programmer ?

En déprogrammant les fausses attitudes de séduction et en recherchant l'authenticité de chacun. Mais la gestuelle de la sensualité dépend aussi des pensées qui vous passent par la tête.

La sensualité n'est pas la sexualité. De quoi s'agit-il en fait ? D'une somme de postures et de gestes qui s'accordent comme des notes de musique sur une portée. La sensualité, c'est la mélodie du corps. Les fausses notes sont nombreuses et il faut apprendre à les corriger gestuellement. Il ne suffit pas d'avoir un regard de velours ou une voix de speakerine d'aéroport pour faire comme si.

Les pleurs séducteurs

> *« On pleure avec ses tripes, on rit avec ses muscles. »*
>
> (Jean-Didier Vincent).

L'homme aux yeux mouillants remporte générale-ment plus de succès auprès des femmes que celui qui conserve les yeux secs dans un contexte émotionnelle-ment intense. En fait, les femmes sont abusées par la production lacrymale de leur compagnon qu'elles croient compassionnels. Elles s'imaginent que cette réaction de « faiblesse » trahit une âme plus sensible. Elles sont dans l'erreur classique que peut induire un pervers ! Les hommes aux yeux mouillés sont plus cyniques que ceux qui conservent les yeux au sec dans les circonstances évoquées.

« Les larmes sont produites par les glandes lacry-males, commandées par le système nerveux parasym-pathique qui a en charge les fonctions de préservation du corps, comme la digestion, ou de l'espèce, comme la fonction sexuelle », écrit Jean-Didier Vincent (*Le Cœur des autres*, Plon).

Apparemment, elles ne servent pas à grand-chose : assurer une protection des yeux et amortir les effets d'une surpression sur les globes oculaires lors de certains efforts comme les vomissements ou la toux. Si les larmes ont une telle importance chez l'homme, c'est surtout en raison de leur fonction de communication. C'est pour cette raison qu'elles trouvent leur place dans toutes les cultures.

Comme le sperme, les pleurs sont une sécrétion qui se répand à l'extérieur du corps à destination d'un autre individu. Ce rapprochement conduit Roland Barthes à parler du « pouvoir germinant des larmes ». Moins subtiles que les phéromones, moins privatives que la semence masculine, les larmes sont éminemment visibles, véritables fusées de détresse, elles signalent un besoin d'aide et demandent une intervention immédiate des secours : un appel à la compassion.

Les pleureuses

Depuis l'Antiquité, les pleureuses, ces femmes rétribuées pour sangloter, gémir et implorer le Ciel lors des obsèques, suppliantes d'autant plus nombreuses que le défunt était puissant, respecté ou encore frappé par la mort dans l'innocence du jeune âge, nous proposent le paradigme du spectacle, c'est-à-dire une représentation de la douleur plus impressionnante que la douleur dont elle n'est pourtant qu'un simulacre. Le genre de simulacre très spontané que les femmes adoptent volontiers pour dématérialiser la colère ou l'agressivité de leurs compagnons. On a les armes qu'on peut, pas qu'on veut.

Les verrous idéomoteurs de la séduction

Ils passent tout d'abord par un reconditionnement du sourire en transe décharge faciale mais surtout par les verrous des joues gauche et droite séparément et de concert. Vous retrouverez les fiches décrivant ces verrous sur le site de l'École des gestes. J'ai jugé qu'ils alourdiraient le propos de ce livre, leur lecture étant très technique. Je vous laisse cependant juger d'un extrait de la très longue fable du sourire qui amusera certains lecteurs. Elle est consultable sur le site de l'École et complète l'efficacité des explications reprises dans ce livre.

La fable du sourire

Cette fable est importante car elle ouvre la voie du succès fondé sur la valeur du sourire, votre sourire. Celui dont vous avez perdu le naturel à force d'angoisse, d'agressivité et d'insécurité sociale. Il s'agit de la version féminine de la fable. Il existe aussi une version masculine que vous retrouverez sur le site de l'École. Je n'ai pas inclus les refrains qui sont les facteurs favorisant le déclenchement de la transe décharge du sourire pour ne pas alourdir le texte à la lecture.

(...) La bouche est parfaitement capable de dire aux oreilles
Ce que les yeux refusent catégoriquement de voir.
Car si vous acceptez de souscrire à mon conseil,
Il y a bien des fois où vous serez obligé de croire
Que les yeux sont parfois aussi aveugles que les orteils.

Vous pouvez bien sûr sourire de mon propos
Mais avant de vous investir au petit trot
Dans la reprogrammation de cette grimace,
Je vous rappelle que la bouche vue de face
N'est pas un organe anodin du visage

Mais l'outil le plus rosse ou le plus sage
Selon qu'on botte en touche
Ou qu'on refuse d'en être l'otage

La bouche adore torturer la langue,
Afficher une fausse pudeur sur les lèvres,
Quand la jalousie les étrangle
De mots maudits ou de mots qui en crèvent.

La bouche est extrême,
Pleine de fiel extrémiste,
Pleine de miel intégriste,
La bouche est pleine... de mots
Souvent aussi drôles que tristes.

La bouche aime le vent qui souffle
Entre ses joues rebondies

Avant de s'installer dans ses pantoufles
Avec une langue qui se replie.

Les mots se préchauffent dans le masque,
Les mots se shootent à la convoitise
Et de franchir la porte des lèvres
Pour exprimer souvent leur sottise

La bouche est une scène de théâtre
Dont les acteurs sont, pour mémoire,
Une langue bien pendue,
Deux joues très colorées de rose,
Un palais grâce auquel on cause,
Des lèvres minces ou dodues
Et des dents blanches bien jolies à voir
Quand on se regarde dans un miroir.

Vous le saviez déjà ? Et alors ?
Il faut bien planter le décor
Avant de jouer la pièce,
Pour chasser la tristesse

Votre bouche à vous chère madame,
Est sûrement la plus belle.
C'est ce que croient toutes les femmes
Votre visage est comme une chapelle
Ne suffit-il pas de la décorer
Pour que la fiction efface le réel

Trompe-couillon que tout ça, Madame !
Une bouche qu'on maquille
Est un sexe que l'on déguise
Pour transcender ses effets
Ou pour cacher de vilains traits.

Mais laissons là cette beauté figée et distante
Et revenir à votre bouche, à vos lèvres souriantes
Et les muscles sur lesquelles elles reposent
Pour dire des mots en vers ou en prose.

Pour ma part, je préfère les vers
Car ils véhiculent mieux le son
Et surtout l'énergie reliée à la terre
Énergie que doivent décharger vos masséters.

Bouche qui dévore avec une ardeur furieuse
Une bouche garnie de lèvres allumeuses,
Voire même de lippes pulpeuses
Ou bouche en cul de poule à l'allure trop sérieuse

Bouche à l'haleine fraîche
Aux mots qui prêchent
La fureur de vivre
Jusqu'à en être ivre

Tout cela pour dire enfin
Que votre bouche est la porte du bonheur
Ou, au choix, l'antichambre du malheur.
C'est selon votre bon cœur !

Si elle se met librement à grimacer
Bien sûr, à l'insu de votre plein gré
Il est certain que vous en profiterez
Vos lèvres commenceront à se délivrer
D'une programmation trop rigide
Que vous leur avez de tout temps imposée.

La transe effacera les rides
Si vous y revenez régulièrement
Des rides mal placées qui vous désolent
Mais qui vous tiennent comme des pots d'colle

Pour que vos lèvres se décollent
Ne vous montrez pas timide
Laissez vos lèvres grimacer
Il faut bien qu'elles se débrident
Pour arriver complètement à se libérer

Mais ne vous y trompez pas
Tant que votre verrou oculaire
Ne sera pas pleinement opérationnel
Vos puissants muscles orbiculaires
Ne battront pas des ailes
Car on ne peut pas reprogrammer ses lèvres
Sans y rattacher le sacro-saint sourire

Nous allons donc glisser insensiblement
Vers une fonction vitale de vos lèvres
Qui exprime le plaisir d'être
Et qui n'appartient qu'aux gagnants

Le grand, le beau, le vrai sourire
Celui qu'on affiche au cœur du pire
Celui que rien, ni personne ne désarme.
Même pas un tsunami de larmes

Sans transition, on change de rive
Et tant que vos paupières restent soudées,
Collées l'une à l'autre comme des aimants,
Nous atterrissons dans une autre dimension
Celle qui préside aux émotions
Portées par la sympathie des sentiments
Qui se transforment en énergie positive.

Plus votre bouche va se tordre et s'exprimer
Bien entendu, à l'insu de votre volonté
Plus vous boosterez votre sourire
Un sourire classé au naturel

Et non ce sourire trop artificiel
Que vous offrez comme une aumône
Et qui ne peut déclencher un cyclone
Dans le cœur de celui que vous rêvez de séduire

La valeur d'un sourire est essentielle
Car elle véhicule le meilleur ou le pire
Du personnage que vous êtes réellement
Et non de celui que vous rêvez de devenir

Laissez donc votre bouche grimacer
Ne jouez pas les poupées effarouchées
Personne ne vous observe pour se moquer
Vous seule pouvez en rire
Car ce dont vous rêvez d'être aujourd'hui
Vous allez vraiment le devenir
En retrouvant enfin votre vrai sourire

À suivre… [1]

---

1. Vous trouverez sur le site Internet de l'École des gestes, si vous souhaitez revalider votre sourire, la version audio complète de cette fable idéomotrice.

9ᵉ ingrédient : la communication

Savoir parler ou l'écologie du langage

Vous savez parler, bien sûr ! Mais savez-vous vous servir des mots à bon escient ? Il vous arrive de dire ce qui vous passe par la tête alors que vous ne devez jamais dire ce que vous pensez mais toujours penser à ce que vous dites. Vous parlez souvent sans évaluer le poids des mots et leur impact sur votre auditoire.

Quelle différence entre les verbes « proposer » et « inviter », par exemple ? Un premier exercice pour vous familiariser avec notre vision du profilage verbal.

« Je vous propose que nous en parlions lors de notre prochaine rencontre » ou « Je vous invite à en parler lors de notre prochaine rencontre ».

Quelle est la formulation la plus efficace ? Y a-t-il une différence essentielle entre ces deux verbes ? Il y a un aspect gratifiant dans l'usage du verbe « inviter » qu'on ne retrouve pas dans celui du verbe « proposer ». D'autre part, celui qui propose permet à son interlocuteur de disposer, donc d'esquiver la réunion prévue, tandis qu'une invitation ne se refuse pas facilement.

Celui qui invite s'impose, celui qui propose ouvre la porte à tous les courants d'air.

Autre exemple comparatif entre les verbes « obliger » et « forcer » :

« Je suis forcé d'accepter » ou « Je suis obligé d'accepter ».

Le premier locuteur subit une contrainte, le second se soumet à un devoir. L'éradication des termes dévalorisants pour votre image publique impose une prise de conscience en temps réel des mots qui franchissent la frontière de vos lèvres. Vous devez constamment reconstruire le langage qui vous représente, si vous souhaitez dispenser une image publique à valeur ajoutée. Pensez à ce que vous dites, ne dites pas ce que vous pensez.

J'aurais pu écrire : « L'éradication des termes dévalorisants (…) exige une prise de… » Quelle différence entre les verbes « exiger » et « imposer » dans ce nouveau cas de figure ? Les synonymes n'ont-ils pas la même valeur émotionnelle ? Celui qui exige récrimine, celui qui impose domine.

À chaque carrefour, le choix des mots est comme le choix des armes.

Pourquoi certaines tournures de phrases polluent-elles votre image sociale ? L'utilisation abusive du conditionnel *(j'aimerais, je voudrais)*, les interro-négations en cascade *(Tu ne veux pas venir un instant ?)*, les tics verbaux névrotiques *(Bon, bon, bon. Quoi, quoi, quoi.)*, l'usage immodéré du pronom impersonnel « on » au lieu du « nous », entre autres, sont autant de formulations qui vous dévaluent.

Les béquilles du langage

J'ai nommé les adverbes souvent inutiles et presque toujours frauduleux, comme dans l'exemple qui suit :

> *Je pense **vraiment** que nous allons l'emporter, réplique le sportif interrogé par un journaliste. Je crois **vraiment** que nous avons toutes les chances, **vraiment** ! Ce serait **vraiment** injuste, si nous devions échouer si près du but. Nous avons **vraiment** mis toute notre énergie au service de ce projet...*

Un morceau d'anthologie « vraiment » authentique entendu lors de l'interview d'un footballeur sur une radio. Les « vraiment » s'enfilent comme les perles d'un collier, un adverbe qui trahit *a contrario* le doute tacite. On peut « croire vraiment » à la rigueur, car l'investissement de sa foi en un résultat espéré n'a rien de frauduleux. Mais peut-on « penser vraiment » ou faussement ?

> ***Honnêtement***, répète la ministre à plusieurs reprises en se défendant face aux journalistes d'avoir abusé de son statut pour se faire déposer en avion sur le lieu de ses vacances en Tunisie par un sbire de Ben Ali. *C'est récent, rappelez-vous ! La Tunisie était en plein chaos.*

L'adverbe en question sent mauvais. Il accuse la ministre de mensonge ou de dissimulation de la vérité. L'homme d'affaires tunisien auquel elle fait référence lui a proposé de faire le trajet en avion pour éviter de se retrouver coincée dans les multiples manifestations qui enflammaient déjà le pays sur son trajet par la route. La voilà, l'honnête vérité que je tiens de bonne source ! Je vous rappelle que *l'Hebdo des Gestes* [1] a des gentils membres, des correspondants dans tous les pays du Maghreb.

« Je crois que je t'aime », déclare ce fiancé la main droite plaquée sur le cœur. Cette simple déclaration mérite une pause. « Celui qui "croit que" doute très fort de ce en quoi il investit sa foi, ai-je répondu à cette lectrice qui m'a rapporté le propos de son amoureux. « Et vous, lui ai-je répondu, vous croyez que vous l'aimez ? » Pas de nouvelles.

« Croire » ou croire « que » n'ont pas la même valeur émotionnelle. « Si je crois en toi, j'affirme ma foi en ta réussite », dit ce père. « Je crois que tu pourrais réussir ton année » : une formulation qui indique plus un espoir sincère qu'une foi solide.

Les nuances tiennent, on le voit, à peu de choses. Le langage de la confiance en soi fonctionne selon les mêmes règles. Encore une fois : pensez à ce que vous dites et ne dites pas ce que vous pensez. L'image que vos mots délivrent trahit votre niveau de confiance ou de méfiance en soi. Celui qui prétend qu'il « veut » y arriver ne peut pas forcément y parvenir. Celui qui emploie le verbe « pouvoir » et dit qu'il « peut » y arriver, voudra prouver qu'il en est capable.

Votre chef de service « aimerait » que vous fassiez un effort pour arriver à l'heure le matin. Pourquoi utilise-t-il un conditionnel et le verbe « aimer » au lieu du verbe « vouloir » ? Parce qu'il ne sait pas affirmer

1. www.joseph-messinger.fr

son autorité ? Ou plus pervers : parce qu'il ne souhaite pas que vous suiviez son conseil. La direction souhaite dégraisser le personnel. Au choix !

Le mode interro-négatif à la sauce conditionnelle

« Ne pensez-vous pas qu'il faudrait leur dire la vérité ? »

Ce mode verbal interro-négatif conditionnel est l'une des formulations favorites des harceleurs. Ils sèment le trouble dans l'esprit de leurs auditeurs en les poussant à agir à leur place. En règle générale, le mode affirmatif est mal vu. Il faut se protéger en usant de précautions oratoires et en laissant aux autres le soin d'allumer la bombe. Certains journalistes de l'audiovisuel ont également recours à ce *mode interro-négatif conditionnel*. Il leur permet de déstabiliser l'invité interviewé, provoquant du même coup une rupture de sa réflexion et une réponse affective mal contrôlée. Les auditeurs concernés par ce mode de questionnement répondent souvent par le tic verbal « oui, non » avant de se reprendre et de poursuivre. L'intervention de ce tic verbal signale la rupture entre les deux cerveaux. Le cerveau affectif prend le relais et dicte la réponse aux centres de la parole du locuteur. « Ne pensez-vous pas qu'il faudrait… » est le conseil malavisé d'un interlocuteur qui ne prend jamais ses responsabilités mais qui aimerait que vous vous plantiez à sa place pour pouvoir vous désigner à la vindicte du peuple. « Ne pensez-vous pas que la justice aurait dû faire son travail dans cette lamentable affaire ? » Cette formulation met les magistrats en accusation sans tenir compte du manque de moyens qui a suscité cette lamentable affaire. Un harcè-lement en douceur !

Le mode interro-négatif sec et sans glace

L'interro-négativité est une véritable négation de soi. Pourquoi dit-on instinctivement : « Vous n'auriez pas des toilettes, par hasard ? » et non « Où sont les toilettes ? » Cette remarque peut vous paraître sans objet et pourtant elle est lourde de sens. Vous posez une question en la niant. « Personne ne veut plus de soupe ? » Cette manie verbale provient d'une éducation castratrice dont nous avons tous été victimes. L'ennui, c'est que ce type de formulation est hautement nocif pour votre confiance en vous. « Est-ce que vous n'avez pas faim, les enfants ? », interroge la mamie en toute innocence. Elle inocule le virus interro-négatif à sa descendance. « Il faut savoir se tenir à sa place » est le credo qui se profile en filigrane de ce genre de discours.

Rappelez-vous que l'ambition est une maladie de la *superbia*, l'orgueil, l'un des sept péchés capitaux. Le mode interro-négatif est un excellent moyen de censurer ou de limiter l'ambition du gamin qui veut dépasser ses ascendants. Une bonne manière aussi de limiter les dégâts que pourrait générer une trop grande confiance en soi. Et vive le doute, le père de toutes les prudences !

Le mode interro-disqualificatif

« Êtes-vous certain de ce que vous me dites ? » est un mode interro-disqualifiant. Vos sources sont mises en doute. « Croyez-vous vraiment qu'il viendra ? » Ce genre d'intervention n'est jamais perçu comme hostile de la part de l'auditeur à qui la question s'adresse. Pourtant, elle véhicule la suspicion. L'interlocuteur qui abuse de ce mode interro-disqualificatif à votre endroit n'a ni confiance en vous, ni aucune estime à votre égard. « Avez-vous pris toutes les précautions avant de vous lancer dans cette affaire ? Avez-vous mesuré tous les risques ? » Sous-entendu : vous êtes incapable de prévoir l'incident ou l'accident, donc il aura lieu fatalement. Vicieux, non ? « Où avez-vous trouvé ces infos ? » interroge le journaliste qui fait semblant de poser une question à son invité. Il met en doute les sources de son invité. Sympa ! La confiance en soi encaisse le coup, l'estime de soi aussi. L'erreur de l'invité : répondre en faisant appel au « mais ».

Les mots vous effacent

Pourquoi votre conscience d'être se déconnecte quand vous êtes *confronté* à autrui ? « Confrontation » est le mot clef de cette déconnexion du Moi psychique par rapport à l'autre. Dès que vous prenez la parole, la parole vous efface.

« Les paroles s'envolent », dit le proverbe. Elles ne laissent pas toujours des traces dans le disque dur de votre mémoire. Qu'avez-vous dit ? Il suffit de quelques minutes pour que le souvenir s'efface, comme si celui qui avait pris la parole était une autre personne. Le discours est un automatisme.

Les mots s'échappent sans contrôle de la conscience. Trop fatigant ! D'ailleurs, les automatismes permettent justement à la conscience de se fixer sur des tâches plus nobles ou plus complexes. Peu nombreux sont ceux qui s'écoutent parler. Encore une fois : pensez à ce que vous dites, ne dites pas ce que vous pensez.

Ce n'est pas les mots qui doivent effacer le Moi, mais les mots qui doivent être au service des 3 Moi (le spirituel, le psychique et le dynamique) et de leur vitrine sociale. Savoir écouter et s'écouter n'est pas une déviance du narcissisme pathologique mais une manière de mieux exister.

Écoute active ou écoute passive ?

Je ne le répèterai jamais assez, écouter n'est pas entendre ! J'entends un bruit, mais j'écoute une personne. Dans les faits, la plupart d'entre nous font exactement le contraire. Ils écoutent le bruit et entendent le flot de paroles de la personne. Or, le bruit analysé, voire disséqué par le cerveau, ne mérite pas cette dépense d'énergie. En revanche, le discours de l'autre devient un mode d'influence à la minute même où vous cessez de l'écouter pour ne plus entendre que le sens général de son propos. Quelques minutes plus tard, il ne vous restera plus en mémoire que des mots épars sans intérêt, mais aucun souvenir de l'influence qu'il a exercé sur vous. Sans compter que les mots sont agrémentés de mimiques dont la portée balistique est autrement plus nocive ou perforante que le discours lui-même. Vous subissez littéralement les états d'âme de ses sous-titrages gestuels.

Savez-vous poser les bonnes questions à la mode de chez nous ?

Comment fait-on pour poser des questions au lieu d'imposer ses assurances ? Le principe est élémentaire : apprenez à poser des questions à vos interlocuteurs au lieu d'affirmer vos certitudes et vous emporterez leur estime d'entrée de jeu !

Interrogatif, interro-négatif, interro-(dis)qualificatif, interro-conditionnel, etc. La manière de poser une question ouvrira ou fermera la porte au dialogue. Tout entretien professionnel est une interview déguisée dans laquelle, par exemple, le vendeur affirme et l'acheteur questionne, ou le contraire. « Je suis absolument sûr que vous n'êtes pas un de ces idiots qui… » est une question sur le mode interro-affirmatif-disqualificatif qui suscitera une antipathie immédiate de la part de l'interlocuteur. L'art de poser une question passe d'autorité par la manière.

Le jeu du « latildi ? »

Le jeu du « latildi ? »

Apprendre à poser les bonnes questions repose essentiellement sur ces sept adverbes de base : qui, quoi, à qui, où, quand, pourquoi, comment et le jeu du *latildi* ou « *l'a-t-il dit* » !

KILADI

KATILDI

AKILATILDI

OULATILDI

KANLATILDI

KOMANLADITI

POURKOILATILDI

Apprenez ce jeu de mots phonétique par cœur et répétez le mentalement en marchant, au volant de votre véhicule, dans le RER, le métro, aux toilettes, en vous lavant les dents, avant de vous endormir, etc. À tous les moments perdus de votre journée. À force de vous remettre ce jeu du *latildi* en mémoire, vous allez apprendre à poser plus de questions que d'affirmations. Cette conduite verbale augmentera votre confiance en vous, stimulera votre capacité d'écoute, offrira à autrui une image oblative, mettra votre ego en sourdine, accréditera votre autorité et votre crédibilité. Rien que ça ! Ça vaut le coup, non ?

Le prompteur mental

Un autre mode d'écoute active consiste à répéter mentalement les propos émis par l'interlocuteur, pour autant que vous souhaitiez en mémoriser une synthèse. C'est une bonne manière d'éviter une écoute passive et surtout de mémoriser les propos de votre interlocuteur sans effort.

Avez-vous déjà essayé de visualiser votre réponse en image avant de la matérialiser ? Encore une fois, la théorie est séduisante mais l'art est difficile. Les mots se bousculent dans votre bouche comme une foule de banlieusards aux heures de pointe. Et pourtant, il existe un cas de figure particulier où l'usage de ce prompteur mental peut s'exercer sans trop de difficultés. Quand vous êtes en communication téléphonique, l'interlocuteur n'est qu'une voix connue ou anonyme. Les sollicitations visuelles sont nulles. Faites donc l'expérience de vous concentrer sur vos propos en les projetant préalablement sur votre écran mental, ou en vous écoutant attentivement avant de les exprimer de vive voix. Le résultat est étonnant. Vous en direz dix fois moins que d'habitude et surtout, le ton de votre voix sera nettement plus posé. À force d'avoir recours à ce stratagème, vous constaterez que vos entretiens téléphoniques seront beaucoup plus efficaces et vous augmenterez votre niveau de crédibilité « aux yeux » de votre interlocuteur invisible. La prise de contact téléphonique est la première marche du succès. Le prompteur mental vous permettra de valider votre démarche en lui offrant toutes ses chances de réussite. N'oubliez jamais de poser des questions et de les visualiser au préalable sur votre écran mental ! Au besoin, préparez votre scénario téléphonique avant d'appeler.

Quelques verbes pour booster votre confiance en soi :

Je veux pouvoir ou je peux vouloir ? Celui qui veut agir ne peut pas forcément, mais celui qui peut (*pouvoir* ou *potentiel*) voudra peut-être agir.

Faut-il faire ce que l'on doit faire ou *doit-on faire qu'il faut faire ?* La guerre entre le verbe « falloir » et le verbe « devoir », entre « il » et « je ». Celui qui a confiance en lui assume la responsabilité de ses obligations.

Je dis à moi : « Je me dis » ou « je me demande » est un discours en circuit fermé.

« *Si* » n'est pas « *Quand* » : Obligation de résultat ou de moyens ? Les « si » se donnent les moyens, mais n'aboutissent pas forcément au but qu'ils se sont fixés. Les « quand » s'obligent à atteindre le résultat.

Ici et maintenant ! Et si « ici » était ailleurs et « maintenant » une mauvaise copie d'hier ? Les expressions qui font florès ne sont pas toujours aussi *clean* qu'elles en ont l'air.

Pour ou *partisan ?* Vaut-il mieux être « pour » ou « partisan » ? Quelle est la connotation de ce terme kitch très politique ? « Je suis pour cette solution » ou « je suis partisan de cette solution ». Vers quelle formulation va votre préférence ?

Et encore. *Aimer beaucoup, bien, assez* ou *tout court ?* Ce qu'on aime tout court ne nécessite pas d'adverbe béquille. J'aime beaucoup n'est jamais assez ; j'aime bien indique que j'aime mal ; j'aime assez trahit un manque d'enthousiasme.

Avez-vous un *problème* ou un *souci ?*

Tout à fait, tout à fait, répète-t-il en pensant « *pas du tout* ».

Envisager et *avoir l'intention* ne signifient pas du tout la même chose.

Un peu ou *un petit peu* participent des précautions oratoires très tendance qui amoindrissent l'investissement envisagé. Elles marquent l'intention, non l'engagement.

Observer ou absorber ?

Quelle est la différence entre *observer* et *absorber* l'information sensorielle (les cinq sens) ? Il existe déjà une hiérarchie entre les verbes « voir », « regarder » et « observer ».

Mais aucune de ces trois attitudes n'absorbe l'information, donc aucune ne se l'approprie. Quand vous me donnez un bon conseil et que je le mets en pratique, je m'approprie de l'information et je l'intègre à mes expériences vitales ; quand un lecteur m'envoie une histoire drôle qui me fait rire, je m'approprie le texte émotionnellement. Je dépasse le simple stade de l'observation rationnelle pour franchir la frontière entre le réel et l'émotionnel, qui n'est pas forcément l'irrationnel.

Écouter ou entendre ?

L'écoute passive est une écoute subjective qui s'attache essentiellement au sens global du message. L'auditeur est protégé par ses mécanismes de défense et demeure engoncé dans son ego branché sur le mode « opposition ». Un ego vigilant et envahissant qui fonctionne *a priori* par déni. Le locuteur n'existe que sur le plan virtuel. Un brouillard mental filtre son discours dans l'esprit de son auditeur. Ses propos ne sont pas considérés comme essentiels. Le regard de l'auditeur est introspectif, c'est-à-dire vide ou atone, ses paupières clignent fréquemment, un peu comme s'il cherchait à effacer l'image du locuteur. La dimension gestuelle est inexistante, il ne voit rien, n'écoute pas, mais approuve mécaniquement du chef tout en se demandant comment il va parvenir à se défiler. Vous avez sûrement déjà remarqué ces individus qui agitent la tête compulsivement en signe d'approbation, ce sont des auditeurs passifs. Ils font semblant d'écouter. Le mouvement de la tête est un écran de fumée. S'ils étaient réellement attentifs, ils n'auraient pas besoin de jouer à la tête à bascule avec une telle conviction.

L'écoute subjective est une écoute filtrée par votre ego. Tout ce qui ne correspond pas au moule de votre pensée est évacué de votre mémoire à court terme. Vous répondrez à côté de la question ou du sujet du débat justement parce que vous avez effacé les arguments qui dérangent vos préjugés. C'est ce phénomène qui s'installe quand vous vous indignez.

Les informations à la télé sont écoutées passivement à hauteur de neuf dixièmes du discours du journaliste. Comme si votre cerveau opérait un tri dans le déluge de mots et d'images. Votre esprit décroche, incapable d'absorber toute l'information qui se déverse. D'où la mise en place de cette écoute sélective. Une espèce de lecture auditive en diagonale ! Vous êtes bombardé de mots par les médias, une pollution permanente d'informations souvent inutiles qui viennent encombrer vos circuits de mémoire à court terme. Dans ce contexte, votre écoute subjective est un moyen de défense parfaitement justifié et légitime. Hélas, à force d'appliquer cette forme d'écoute pour vous protéger de l'agression médiatique, vous finissez par retourner au mode d'écoute passive en toutes circonstances. La communication ne passe plus ou est déformée par l'absence d'écoute objective. « Avez-vous entendu ce qu'il a dit ou l'avez-vous rêvé ? » L'écoute subjective manipule la transmission de l'information en direction de votre cerveau. Le message réel devient virtuel. Quant à l'écoute passive, elle est confortable, elle ne demande aucun effort d'attention. Vos oreilles vous servent à écouter, vous les utilisez pour entendre le message. Vos yeux vous servent à regarder, vous les utilisez pour voir mille et une fois la même image sans jamais user votre faculté d'observation. Votre bouche vous sert à parler, les mots s'en échappent sans contrôle. À l'instar des possibilités du cerveau humain, vous utilisez votre audition, votre vision ou votre faculté d'expression à 10 % de leurs potentiels, laissant en friche les 90 % restants.

Dans le même ordre d'idées, l'analyse de vos GPM (gestes, postures et mimiques), pourtant tellement visibles, est mise de côté au profit de votre discours verbal très subjectif. Sans compter que les mots, je l'ai déjà dit, sont agrémentés d'expressions faciales dont la portée balistique est autrement plus nocive que votre discours lui-même. Vous subissez littéralement vos états d'âme et surtout ceux de votre interlocuteur sans même vous en rendre compte. Il projette sur vous tous les interdits auquel il est confronté, il vous inclut dans sa problématique et vous associe à ses petites misères.

Pour nous résumer, vous avez le choix entre trois types d'écoute : *l'écoute passive, l'écoute subjective et l'écoute active ou objective.*

Écouter, c'est investir son énergie mentale dans un bon usage de ses oreilles.

S'exprimer ou verbaliser sa pensée ?

Il y a une différence majeure entre les mots dits pour verbaliser sa pensée et ceux qui sont exprimés, c'est-à-dire « sortis de prime » (de l'anglais *premium* qui signifie « récompense, prix »). Ce qui est exprimé vaut de l'or, ce qui est dit est plaqué argent. Le mot qui sort de la bouche sans être apprécié par le locuteur est une verbalisation inutile. Le mot exprimé est un terme connoté émotionnellement. Le mot exprimé s'imprime dans la mémoire de l'auditeur, le mot dit s'évanouit dans le brouillard avant d'avoir marqué ses souvenirs.

Savoir faire et le faire savoir

Autrement dit : la crédibilité. Le rôle de la gestuelle est souvent gommé au profit du discours. Erreur ! Horreur ! La crédibilité d'un individu tient beaucoup plus au registre GPM (gestes, postures et mimiques) qu'au choix des mots. Quels sont les gestes à privilégier et comment les intégrer dans votre vocabulaire gestuel ? En faisant appel aux procédures de verrouillage idéomoteur de la PNG ! Il ne s'agit pas de jouer au perroquet gestuel et de reproduire bêtement des postures ou des gestes précis en fonction de situations-types mais de vraies reprogrammations réflexes de type pavlovien. Comment ? En reprogrammant les fonctions idéomotrices et sensorimotrices du corps au moyen de quatrains idéomoteurs *ad hoc*[1]. La répétition

1. Vous retrouverez plusieurs exemples de quatrains idéomoteurs en fin d'ouvrage.

quotidienne de certains quatrains idéomoteurs comme facilitateurs de l'endormissement entraîne des modifications comportementales rapides et objectives. Pour mémoire, le jeu du *latildi* conscientise le stagiaire au questionnement. Il prend conscience de l'invasion de son ego dans son discours et apprend à céder la parole à l'autre en le questionnant.

Les règles du débit verbal

Un dernier point ! La vitesse à laquelle vous débitez votre discours peut décrédibiliser vos arguments. Parler, c'est comme marcher, il faut trouver le rythme qui convient pour éviter de stresser le débat. La plupart des débatteurs font de la surenchère. Il faut courir plus vite que le voisin ou l'adversaire. Plus de mots en moins de temps, c'est moins de valeur ajoutée à vos propos.

Les mots menteurs

Un discours bien construit crédibilise celui qui sait se servir des mots. Or, nous avons tous recours à des vérités de carnaval, sciemment ou non. « Oh ! Qu'il est beau votre bébé ! » On ne dit pas souvent ce qu'on pense et on ne pense presque jamais ce que l'on dit. Les mots ne sont qu'apparences. Ils simulent la vérité, dissimulent la réalité. Ils aident le locuteur à reconstruire le monde non pas tel qu'il est mais tel qu'il voudrait qu'il soit.

Les mots sont polysémiques, ils ont plusieurs sens, et cette particularité représente le facteur d'ambiguïté du discours. Je pars du principe que le mot a toujours, au moins, deux significations possibles : une signification cognitive et une signification affective. Le sens cognitif est explicite, le sens affectif ou émotionnel est implicite et fonction du contexte.

Par exemple, le verbe « aller » est explicite quand il indique un déplacement : « Je vais à Paris. » Son sens signifié : je me rends dans un endroit particulier, je pars d'un point A à destination d'un point B. Ce même verbe « aller » dans « Je vais essayer » devient implicite, sa signification affective, ou émotionnelle, inclut une connotation de procrastination. Le verbe « aller » devient ce que je nomme le noyau affectif (connotation) du verbe « essayer ». Dans ce cas de figure, le verbe « noyau » déplace l'essai envisagé dans le temps mais il perd son sens référentiel ou dénotatif.

Les termes que vous utilisez ne sont pas de simples outils référentiels, ce sont aussi des vecteurs d'émotions. Ces émotions véhiculées par vos mots peuvent être, tour à tour, positives ou négatives, gratifiantes ou dévalorisantes, stimulantes ou démotivantes. La confiance en soi et l'estime de soi dépendent étroitement de ces émotions, donc de la qualité de vos propos.

Ça commence très tôt

Le discours contaminé est l'un des modes privilégiés de l'éducation. Les adultes exigent la vérité des enfants mais n'hésitent pas abuser du mensonge pour se faire obéir : « Si tu n'obéis pas, le marchand de sable va passer ou tu seras privé de tes cadeaux de Noël, etc. »

On commence par des menaces sans fondement et on finit par perdre toute crédibilité aux yeux de ses enfants.

Gérard Séverin, un écrivain psychanalyste, nous rapporte que « c'est au quotidien, dans les remarques et les injonctions que lui adressent ses parents, que l'enfant prend ses marques et se fait progressivement une idée de ce qu'il est. La plupart du temps, il doit composer avec l'image de lui que se forgent ses parents. Nous avons tous faits l'objet de ces paroles pétrifiantes : "tu n'es qu'un égoïste" ; "qu'est-ce que tu veux, tu ne seras jamais bon en maths" ; "tu n'arriveras jamais à rien". Répétés régulièrement, ces jugements, sans appel, fabriquent des enfants enfermés dans la damnation. Et la petite phrase empoisonnée prend valeur de prophétie. Par loyauté, l'enfant préfère obéir à l'injonction parentale et consacrer son énergie à réaliser un projet de vie qui ne lui appartient pas. »

Bien entendu, rares sont les pères ou les mères qui lancent directement à leur enfant : « Sans toi, ma vie aurait été meilleure. » Mais certains peuvent avouer : « Si tu n'étais pas né, j'aurais quitté ta mère », ou « J'ai refusé de nombreux postes intéressants parce que je devais vous élever ». En captant ces messages, l'enfant peut développer une culpabilité qui va le conduire à se conformer à l'idéal du parent. Même s'il doit, pour cela, s'éloigner de sa vérité profonde.

Avons-nous le choix des mots ?

« De ses premiers balbutiements à ses dernières paroles, des millions de mots sortent de la bouche d'un homme (184 800 000 mots en moyenne en l'espace de

70 ans). Les mots ne sont pas seulement des sons chargés de sens, ils sont aussi porteurs d'une émotion qui pointe vers votre auditeur à la façon d'un aiguillon ou qui se répand sur lui comme une liqueur bienfaisante », écrit Jean-Didier Vincent [1].

La balistique des mots

Chantages, petits mensonges, messages disqualifiants, préjugés, formules figées dans l'ambre de commémoratifs obsolètes, sont quelques-unes des armes de rigueur pour communiquer ou obtenir la satisfaction de vos désirs. Ce sont ces messages anodins qui constituent la base même du dialogue. Des refrains verbaux pervers dont vous vous faites l'écho par imprudence, abusant votre entourage incapable de se protéger contre le contenant de vos propos car, soit ils sont essentiellement à l'écoute du contenu, soit ils ne font que vous entendre sans vraiment vous écouter. Et c'est au niveau du contenant que se situent les virus du langage. Vous êtes en mesure de (dé)contaminer votre discours si vous apprenez à écouter au lieu d'entendre. Vous et les autres ! L'équilibre de votre confiance en soi est à ce prix, comme je l'ai déjà dit.

Comment décontaminer votre discours ?

Apprendre à parler, à établir un vrai dialogue, prendre conscience de ces phrases toutes faites, héritées

1. *Le Cœur des autres*, Plon, 2003.

de vos parents ou imposées à votre insu par votre entourage professionnel, n'exige pas un diplôme de psychologie. La plupart des refrains verbaux polluants dont vous vous servez font partie du paysage sociétal et audiovisuel. Ils trouvent aussi leur source dans vos souvenirs d'enfance. Ne remettez pas en scène la mauvaise pièce familiale dans laquelle vous avez tenu un rôle majeur malgré vous. Réinventez les dialogues pour changer d'avenir et assurez votre confiance en vous et en vos prédispositions.

Et selon l'expression consacrée de la plupart des ouvrages de Caroline Messinger, « les mots ne peuvent pas tout mais ils peuvent beaucoup ».

10ᵉ ingrédient : les mots magiques

Il y a au cœur de chaque mot
La racine carrée de vos émotions
Comme un volcan ou un brûlot
Qui crache son magma en fusion

Les quatrains idéomoteurs

Les mots sont les porteurs du message de la foi. Ils stimulent ou handicapent le Moi spirituel, c'est-à-dire la confiance en soi. Et ce dernier ingrédient que sont les mots magiques est sans aucun doute le plus important de tous. Il se traduit sous la forme de quatrains, de tercets, de petites fables de développement personnel stimulant une qualité ou une compétence. Les quatrains qui vous conviendront seront comme des refrains obsessionnels qui vous resteront en mémoire pour procéder au nettoyage de vos doutes et autres pensées parasites qui encombrent votre esprit.

> *Autorise-toi à faire ce que tu es*
> *Autorise-toi à être ce que tu fais*
> *Pour exister enfin dans ta vie*
> *Et ne plus être ce que tu fuis*

Quatre petites phrases rythmées qu'il est aisé de se répéter mentalement comme une sorte de mantra, mais en marchant ou avant de vous endormir le soir. Les deux processus sont évidemment différents dans leur mode d'application. En marchant, le rythme de la phrase doit s'accorder à celui de la marche. Pour vous endormir, c'est le rythme respiratoire qui vous servira de métronome. Vous pouvez choisir de vous tutoyer ou d'utiliser le mode de la première personne du singulier : je !

> *Je m'autorise à faire ce que je suis*
> *Je m'autorise à être ce que je fais*
> *Pour exister (enfin) dans ma vie*
> *Et ne plus être ce que je fuis*

Ce que vous fuyez, c'est le job alimentaire, la fonction qui ne correspond pas à ce que vous êtes capable de faire, le milieu dans lequel vous vivez mais qui n'a rien de commun avec celui qui vous ressemble, le mariage qui prend l'eau mais que vous hésitez à rompre, etc. Bref, votre lâcheté face à l'adversité. Or, vous avez du courage en réserve, mais comment lui permettre d'émerger ?

Pourquoi en marchant ?

1. Vous devez occuper votre esprit afin d'en chasser toute pensée parasite. Ce genre d'activité mentale anarchique est ruineuse en énergie. Une pensée parasite, comme son nom l'indique, vient parasiter l'efficacité d'un mouvement ou dévier l'esprit de son objectif. Elle disperse la concentration et les énergies investies dans l'action.

2. Le rythme de la marche doit s'accorder à celui de la répétition mentale ou verbale du quatrain idéomoteur. Le corps se met en harmonie avec l'esprit, marchant en quelque sorte la main dans la main. Notez le quatrain qui vous interpelle sur une feuille de papier pour y retourner quand il vous échappera.

Le rythme des pas doit se calquer sur celui des mots. Ce principe peut aussi s'appliquer à un poème entier que vous connaissez par cœur comme s'il s'agissait d'un slam, donc d'un poème qui repose sur un rythme régulier de la scansion. Les syllabes marquent la mesure.

3. Le contenu symbolique des mots dits est aussi important que la construction du quatrain.

Analysons d'abord les deux premiers vers de notre exemple !

Dans ce quatrain, « être » et « faire » sont deux verbes opposés qui doivent s'identifier comme étant des images en miroir l'un de l'autre. Être ce que vous faites ou faire ce que vous êtes, c'est être entier, authentique. La majorité d'entre nous ne sont pas ce qu'ils font et ne font pas ce qu'ils rêvaient d'être. Rappelez-vous cette chanson de Starmania : « J'aurais voulu être un artiste », chantait Zéro Janvier assis sur son matelas de dollars.

Voyons maintenant le 3ᵉ vers !

Quelle différence entre les verbes « vivre » et « exister » ? Pour vivre, il suffit d'activer ses fonctions organiques : respirer, manger, boire, dormir, bouger. Exister, c'est devenir un individu original, être reconnu par les autres pour sa valeur personnelle, c'est avoir un but ou une mission dans la vie. La vie n'est pas existentielle, est-elle pour autant existentialiste comme le préconisait Jean-Paul Sartre [1] ? Peut-être ! C'est en tous cas dans cette optique que j'ai développé les quatrains idéomoteurs et la PNG.

Reste le 4ᵉ vers !
Il peut s'inverser au choix :
« Ne plus être ce que tu fuis. »
« Ne plus fuir ce que tu es. »

Si j'ai le sentiment d'être ce que je fuis, j'adopterai le premier vers. En revanche, si j'ai l'impression de fuir ce que je suis, je terminerai mon quatrain avec la deuxième version.

Assumer le présent pour recevoir le changement

1. L'existence de l'homme précède son essence. Il ne serait pas déterminé d'avance à être ce qu'il est ou ce qu'il fait, mais il aurait la liberté de forger son destin.

Si vous êtes en demande d'emploi et vous refusez ce statut dévalorisant, vous ne voulez plus être ce que vous fuyez, c'est-à-dire : demandeur d'emploi.

Si vous êtes employé d'une entreprise X et que vous considérez que votre job est purement alimentaire, je vous conseillerai de choisir le 2e vers : « ne plus fuir ce que je suis », car pour évoluer dans un environnement professionnel, il est impératif d'accomplir son travail en acceptant les contraintes, histoire de ne pas gaspiller l'énergie que vous pourriez consacrer à une activité extra-professionnelle plus enrichissante, une formation qui vous permettra de progresser ou des études tardives. En vous épuisant à considérer votre poste comme une punition, vous gaspillez une énergie mentale considérable. Accepter de vivre son présent sans pour autant se projeter dans un avenir identique vous offrira la possibilité de vous remettre en question et de faire le bon choix, quand l'occasion se présentera. Et étrangement cette occasion ne se présente que quand on est prêt à l'accepter. La porte s'ouvre et il suffit d'entrer. Quand la porte est verrouillée, il ne sert à rien de la forcer, aurait dit La Palice.

Comme vous pouvez le voir, un simple quatrain idéo-moteur exige une analyse, voire une « vivisection » philosophique indispensable pour ne pas se tromper de chemin.

4. L'utilisation du pronom personnel est aussi à prendre en considération. J'y reviens.

« Je » ou « tu » au choix !

> *Je m'autorise à faire ce que je suis*
> *Je m'autorise à être ce que je fais*
> *Pour exister enfin dans ma vie*
> *Et ne plus être ce que je fuis*

Quelle différence entre le « je » et le « tu » ? Tout dépend à qui vous souhaitez adresser le message : le Moi ou le Soi. L'être conscient que vous êtes ou le subconscient qui est vous, mais découpé en rondelles temporelles. Certains quatrains sont donc directs, d'autres indirects, en somme. Si vous avez besoin d'une autorité insondable pour vous guider (votre Surmoi), vous vous sentirez plus à l'aise avec le « tu ». Les introspectifs privilégient le « tu ». Ils se dédoublent pour mieux se rassembler. L'introspection est un effort d'exploration de la conscience par elle-même.

Si vous êtes plus extraverti ou extratensif, vous aurez paradoxalement tendance à utiliser le « je ».

Le découpage des mots se pratique de la manière suivante : *Au-to-rise-toi-à-fair'-ce-que-tu-es* (dix pieds en vers = dix pas du corps)

Au-to-rise-toi-à-faire-ce-que-tu-fais (idem)

Pour-exis-ter-dans-ta-vie (huit pieds en vers = 8 pas du corps)

Ne-plus-êt-tre-ce-que-tu-fuis (idem)

Ou

Je m'autorise à faire ce que je suis
Je m'autorise à être ce que je fais
Pour exister dans ma vie
Ne plus être ce que je fuis (ou ne plus fuir ce que je
suis)

Les quatrains soporifiques

Ces quatrains peuvent également vous servir de « moulin à pensées » avant de vous endormir. Pour que l'effet soporifique agisse sur les récepteurs *ad hoc*, il est indispensable de connaître le quatrain par cœur, bien évidemment, et de pouvoir se le répéter mécaniquement sans se focaliser sur les mots dont il est composé. Les quatrains sont hypnotiques au sens littéral du terme et doivent toujours être associés à un pourcentage progressif. Vous démarrez à 1 % et rajouter un pourcent après chaque répétition d'un quatrain.

À quoi sert ce pourcentage ? À établir une forme d'évaluation de l'impact du quatrain sur votre mental. Quand vous perdrez pied, donc quand la confusion perturbera le compte des pourcents, soit vous vous endormirez, soit vous devrez reprendre le pourcentage au début.

La procédure idéale consiste à programmer un verrou oculaire – pour les lecteurs initiés à la PNG – afin que ce verrou vous serve de mode d'évaluation. Plus votre pourcentage sera élevé, plus vous ressentirez les changements que produira ce quatrain dans vos conduites habituelles.

Mode d'emploi

1. Vous induisez votre verrou oculaire (VO).
2. Vous débutez la répétition de votre quatrain en l'associant à son pourcentage progressif. Quand votre VO se déprogrammera, vos paupières se décolleront spontanément.

Imaginons que vous soyez parvenu à 16 % ! Ce pourcentage indique le niveau d'imprégnation du message dans votre mental. Plus le pourcentage grimpera, plus le message s'imprégnera profondément dans les couches subliminales de vos consciences marginales. Si vous plongez dans le sommeil alors que vous êtes en train de vous répéter votre quatrain, vous aurez marqué un point essentiel. L'endormissement en cours de procédure signifie que votre message s'est inscrit dans les profondeurs de votre subconscient.

Le quatrain que vous choisirez ne doit donc pas être sélectionné à la légère. Il doit correspondre le plus exactement possible au vœu que vous formez ou au but que vous poursuivez. Ce ne sont pas des moutons que vous comptez pour vous endormir mais un message suggestif récurrent à fort indice émotionnel que vous imprimez dans les couches les plus profondes de votre conscience pour parvenir à orienter votre futur dans le sens de vos désirs ou de votre ambition.

L'effet réverbérant est garanti seulement si le quatrain est bien construit et fondé sur une certaine dose de réalisme. Vous ne parviendrez pas à cocher les numéros gagnants du Loto parce que vous vous répèterez que vous en êtes capable avant de vous endormir. Il ne faut pas confondre biochimie et alchimie. Pour les lecteurs superstitieux qui désirent se libérer de la pollution de l'horoscope :

> *Vous n'êtes plus en attente de magie*
> *Mais en prise directe avec la réalité*
> *Ne gaspillez plus vos énergies*
> *À espérer qu'un miracle va vous sauver*

Ou

> *Je ne suis plus en attente de magie*
> *Mais en prise directe avec la réalité*
> *Je ne gaspille plus mes énergies*
> *À espérer qu'un miracle va me sauver*
> *Je suis le seul et unique maître à bord*
> *Maître de mon esprit et de mon corps*

Ceci étant posé, comment construire un quatrain qui vous ira comme un gant ?

J'ai sélectionné une série de quatrains idéomoteurs et d'aphorismes inédits classés dans un lexique en annexe, à la fin de cet ouvrage. Mais je vous propose également une autre solution qui vous permettra de choisir votre quatrain ou la fable idéomotrice qui correspondra à vos attentes en consultant la bibliothèque thématique sur le site de l'École des gestes [1].

Si vous ne trouvez pas votre bonheur dans le contenu existant, vous pouvez m'adresser un mail joseph. messinger@wanadoo.fr pour que j'ajoute un ou

---

1. Bibliothèque consultable après inscription à l'École.

plusieurs quatrains idéomoteurs sur le thème qui vous préoccupe. Ils serviront aux autres élèves de l'École des gestes.

Les modules en ligne

Ils reprennent les fables idéomotrices et les quatrains de cet ouvrage de manière à vous faciliter l'accès aux verrous décrits dans chaque chapitre. Ils sont enregistrés sur des supports de qualité professionnelle et téléchargeables sur le site www.ecoledesgestes.com.

L'achat des livres [1] d'une part et le téléchargement des modules d'autre part vous permettent d'être inscrit automatiquement comme élève de l'École des gestes, et de consulter la bibliothèque des quatrains et fables idéomotrices thématiques des différents niveaux de maîtrise.

---

1. *Ces gestes qui vous changeront la vie* (Flammarion, 2010), *Pour en finir avec vos tics gestuels !* (Flammarion, 2011).

Et puisqu'il faut bien conclure

Les clés du succès

Le succès d'une entreprise dépend entièrement des fondations mises en place, de l'infrastructure, d'une automatisation des réflexes qui vont assurer le filet de sécurité et la pérennité de votre projet. Le danger d'un succès trop rapide est identique à celui d'un acrobate de cirque qui se lancerait dans le vide sans filet de sécurité. Ça peut fonctionner mais, dans la grande majorité des cas, l'échec se profile au bout de la première difficulté et c'est le crash garanti, ce qui arrive à nombre d'auto-entrepreneurs que l'État pousse dans le dos sans leur apporter une information explicite sur ce qui les attend en matière de régime social indépendant, soit une cotisation qui peut se monter jusqu'à 50 % des revenus déclarés.

Les fondations font partie des sentiments que vous éprouvez :
1. Maîtrise de votre projet, vos potentiels, de votre expérience, de vos prédispositions, etc. En un mot comme en cent : maîtrise de soi.

2. Estime de soi ou reconnaissance de votre valeur ou de celle de votre projet.

3. La foi en votre devenir qui puise son essence dans la confiance en soi.

Ce que je nomme le principe MEC (Maîtrise, Estime, Confiance) ! Vous devez ensuite vous investir sans penser à l'aboutissement de votre entreprise. Si vous brûlez les étapes, vous irez dans le mur. Ne cherchez pas à vous comparer à Pierre-Henri, Pol-Marie ou Jean-Jacques des beaux quartiers que les magazines mettent en avant en prétendant qu'ils ont réussi à monter une affaire rentable en quelques mois. C'est de l'information frauduleuse dont les mensuels qui surfent sur le monde de l'entreprise et des grandes écoles sont friands. Les belles histoires existent mais elles sont rarissimes. Il n'existe qu'un seul Zuckerberg (fondateur de Facebook) pour 6 milliards d'individus. Par ailleurs, on ne tient jamais suffisamment compte de la période embryonnaire, puis de la période fœtale avant l'accouchement. Quand le succès frappe à votre porte, vous devez prendre immédiatement du recul et vous protéger contre l'euphorie de la victoire. L'aveuglement peut obérer votre avenir. La victoire est un shoot massif de dopamine dont les conséquences sont incalculables.

La foi, la réflexion, l'action !

Trois étapes dans l'ordre qui correspondent aux 3 Moi qui constituent votre conscience d'être : le Moi spirituel, le Moi psychique, le Moi dynamique. Le principe de la chrétienté rejoint ici la psychologie ou l'inverse : Dieu est le Moi dynamique, le fils donne l'élan psychique correspond au « Fils » de Dieu et le Saint-Esprit est la source de la foi, le maître du Moi spirituel. Toutes les grandes religions fonctionnent sur cette règle universelle qui prévaut dans l'esprit humain. Le fils est remplacé par le prophète, Moïse chez les juifs et Mahomet chez les musulmans, et le livre sacré, la Bible ou le Coran, remplacent le Saint-Esprit et le Nouveau Testament.

Un dernier secret avant de vous quitter

Chaque Moi dispose de sa fable idéomotrice destinée à le stimuler. Un bémol ! Ces fables ne remplacent pas les prières que les croyants adressent à Dieu. Leur rôle consiste uniquement à remonter les bretelles aux trois identités qui vous constituent : la foi qui est aussi la sœur jumelle de l'amour ; la pensée qui précède l'intelligence ; l'action dont procède l'esprit d'entreprise humain et le progrès auquel nous sommes condamnés pour survivre.

La fable de la foi

Quand la foi n'est plus que l'ombre d'elle-même
L'amour éteint un à un les lampions de la fête
La confiance que le Moi s'accordait dans sa tête
A fui le théâtre où se jouait la comédie du « je t'aime »
En conjuguant les « je crois que je doute »
À tous les temps d'un passé qui s'est perdu en route
Il fait froid et la lumière est éteinte

> *Car sans la foi il n'y a plus de crainte*
> *Plus de désespoir pour animer le courage*
> *Même plus de rêve pour alimenter la rage*
> *On reste inerte au pied de son immeuble*
> *Comme ces gamins des cités sans espoir*
> *Qui ont oublié de jouer dans les bacs à sable*
> *Et qui se regardent dans un mauvais miroir*
> *Ils se votent une existence de cauchemar*
> *Voilà à quoi ressemble la vie sans la foi*
> *Sans la spiritualité de ce Moi qui croit en soi*

(Voir la suite dans les modules en ligne)

L'angoisse du résultat

Nous la connaissons tous, cette angoisse, et nous la fréquentons régulièrement sans pouvoir y échapper : situations de séduction, entretiens d'embauche, négociations de contrats, action commerciale auprès d'un client, réussite d'une entreprise ou d'un projet et *tutti quanti*.

Je vous propose d'imaginer que cette angoisse est une vibration retardataire et que celle-ci se propage de telle manière qu'elle atteigne la ou les personnes qui détiennent la décision qui vous serait favorable. Science-fiction ? La vitesse de propagation importe peu. Pour étayer ma démonstration, je vais vous conter une histoire fictive mais banale et que certains d'entre vous ont peut-être déjà vécue. Une triste histoire qui se termine bien. Pour une fois !

La non-rencontre

Jean-Claude a rendez-vous avec Solange dans un bistrot du quartier des Halles à Paris. Ils se sont rencontrés sur le Net, comme de juste, sur un réseau « cul et chemises » comme il y en a tant. Ils ont échangés des mots, des photos et leur numéros de téléphone, se sont parlé au téléphone de leurs vies, de leur envies, de leurs cauchemars, de leurs espoirs. Ils ont rimé en chœur comme les vers d'un alexandrin et ont fini par se décider. Une rencontre *in vivo* s'imposait. Un endroit public au cas où la sauce ne prendrait pas.

Jean-Claude est arrivé avec une demi-heure d'avance. C'est un impulsif et un impatient. Il ressort un papier de format A4 un peu froissé sur lequel est imprimée la photo de sa correspondante. Elle fait très jeune pour son âge, 48 ans avoués selon ses confidences sur la toile et elle en paraît à peine 35. Jean-Claude est un peu gêné, car il lui a fait parvenir une photo qui date un peu. Il a 55 ans, mais le cliché que Solange a reçu datait de son divorce. Il avait 40 ans. Il estime avoir peu vieilli depuis. Il consulte le chrono de son iPod toutes les trois minutes. Ils s'étaient fixé rendez-vous à 18 h 00 et il est déjà 18 h 03.

Solange est assise dans le métro de la ligne 4. Elle refait, anxieuse, le scénario de sa rencontre annoncée pour la énième fois, les yeux remplis de bonheur anticipé. Un pincement au cœur lui rappelle qu'elle se sent un peu coupable. Elle lui a envoyé un cliché de son passé dépassé et elle a un peu triché sur son âge depuis le début de leurs échanges de mails. Mais ça ne se voit pas trop. En revanche, physiquement, elle a un peu changé, un peu défraîchi, bien qu'elle refuse de se l'avouer. Elle sort soudain de son rêve éveillé et consulte sa montre : 18 h 10. Zut alors ! Mais où est-elle ? Odéon ! Elle a dépassé la station des Halles sans s'en rendre compte. Vite, il faut qu'elle appelle Jean-Claude pour le rassurer. Elle fouille son cabas imitation très tendance à la recherche de son portable mais ne parvient pas à mettre la main dessus. C'est un fouillis là-dedans, un véritable capharnaüm de bibelots, papiers, accessoires inutiles qu'elle trimbale avec elle, mais pas de portable. Et puis, elle se souvient qu'elle l'avait posé sur la table de la cuisine de son appartement avant d'aller aux toilettes. Nom d'une pipe ! Elle l'a oublié. Elle se précipite hors de la station, espérant attraper un taxi pour rejoindre le lieu du rendez-vous. Au diable l'avarice !

18 h 25 ! Jean-Claude se tord le cou pour ne pas rater l'arrivée de Solange. Il a déjà changé trois fois de place pour trouver le meilleur point de vue sur la rue et l'entrée de la brasserie. Il commande son troisième café et consulte son iPod. « Bordel de merde, songe-t-il, mais où est-elle ? » Encore un coup dans l'eau. Il se souvient des trois râteaux qu'il s'est ramassés coup sur coup. Il avait voulu essayer de jouer dans la catégorie « vieux beaux » avec des femmes de vingt ans, voire

trente ans, plus jeunes que lui. Elles l'ont renvoyé dans les cintres. Bon ! Il faut dire que Jean-Claude n'est pas un Apollon tardif, genre Alain Delon ou Maxime le Forestier. Il a une belle tête, un sourire sympa, mais il est petit et un peu mal fichu. Malingre, il fait chétif. Pour compenser, il exerce une fonction de cadre dans l'administration d'un ministère. Fonctionnaire. De quoi rassurer l'amatrice ! Son plus gros problème vient de son œsophage, il est souvent victime de reflux gastrique quand il est stressé. Ça lui donne mauvaise haleine, comme maintenant. 18 h 35 !

On revient un peu en arrière ! Solange n'a pas trouvé de taxi libre. Elle a choisi de redescendre les escaliers du métro dans l'autre sens et reprendre la rame direction « Les Halles ». Seulement voilà, elle n'avait prévu qu'un seul ticket et il y a une file de touristes au guichet. 18 h 25 ! Solange est RMiste. Encore un statut qu'elle a caché à son correspondant. Chaque dépense est mesurée au cordeau. Elle a bien essayé de trouver du travail comme femme d'ouvrage, au noir, mais elle est tombée sur des vieux salauds célibataires qui ne pensaient qu'au sexe. Une touriste chinoise monopolise l'hôtesse de caisse de la RATP en baragouinant un anglais de cuisine. C'est insupportable ! « Ces Chinetoques se croient tout permis », peste Solange, entre ses dents en s'adressant à la personne qui la suit. Une Chinoise aussi. Pas de chance. Heureusement, elle n'a pas entendu ou pas compris. 18 h 30 ! L'horizon se dégage enfin. Solange compte sa monnaie et paye son ticket. Elle court dans le couloir pour attraper le métro qui arrive à quai. Cinq minutes plus tard, elle grimpe l'escalator, échevelée, pour arriver au niveau du trottoir à la sortie des Halles. 18 h 40. Et là, elle réalise soudain qu'elle a oublié le nom de la brasserie où ils se sont donné rendez-vous. Le trou de mémoire idiot. Impossible de se souvenir ! Solange est découragée. Elle se voûte et vient de prendre dix ans de plus dans les gencives.

18 h 43 ! Jean-Claude sort de la brasserie en râlant. Il a avalé trois cafés et trois verres d'eau, et réalise qu'il doit aller aux toilettes. Il fait demi-tour brusquement et se cogne à une jeune femme qui entre dans l'établissement en même temps que lui. Elle lui sourit, il s'excuse et descend au sous-sol. Lorsqu'il sort des toilettes pour hommes, il bouscule sans le vouloir une jeune femme. La même qu'il y a deux minutes. « Décidément, commence-t-elle en souriant, nous sommes destinés à nous rencontrer, je veux dire télescoper ! » Jean-Claude s'excuse encore, mais en la regardant de plus près, il la trouve délicieusement jeune et à son goût. Elle est plus petite que lui.

— *Je peux me faire pardonner ?* objecte-t-il, avec un sourire finaud. *Je vous invite à prendre un café... ou autre chose.*

— *Pourquoi pas*, réplique-t-elle avec une drôle de lueur dans le regard. *J'attends quelqu'un avec lequel j'ai rendez-vous, mais il a dû oublier sa montre.*

— *Vous aussi*, rétorque Jean-Claude en riant un peu trop fort.

Fin de l'histoire.

L'angoisse du résultat a suscité une série d'actes manqués chez Solange. La vibration a agi sur la désorganisation de son déplacement. Elle a mis en scène sa rencontre annoncée en y mêlant un sentiment de culpabilité dû à sa tricherie. Ce cocktail mental a alimenté un effet retardataire qui lui a fait rater son rendez-vous. Syndrome d'échec ? Sans doute. Car elle savait que Jean-Claude était plutôt à l'aise financièrement et cette rencontre aurait pu sceller une amitié, voire plus si affinités, qui l'aurait sauvée des eaux bourbeuses de la précarité. Mais voilà, le budget investi dans son abonnement Internet, son vieil ordinateur sans imprimante et son portable à un euro avec un abonnement « minimex » ne l'ont pas aidée à transgresser ses vœux de pauvreté. Les bergères ne rencontrent pas souvent les princes, sauf dans les contes de fées… ou si la bergère appartient à une famille richissime.

On ne peut investir sa foi en soi ou en son devenir en fondant celle-ci sur une fraude. Ce paramètre entraîne une perturbation du Moi psychique (actes manqués, trous de mémoire) et entrave évidemment le Moi dynamique (passage à l'acte). Cela ne signifie pas que le mensonge soit interdit s'il est assumé. Plus la fraude est niée, voire importante, plus l'échec de l'entreprise est probable, car la foi ne fait plus partie du jeu, donc elle n'alimente plus l'action et laisse passer des pensées parasites qui entraîneront des actes manqués.

Si je crois en mon projet, en mon devenir ou en moi, la propagation de ce sentiment sera l'ambassadeur de mon succès à venir, car il influencera mes pensées et mon action. Simple comme bonjour. Il suffit d'un quatrain ou d'une fable idéomotrice…

Et comment arrive-t-on à systématiser ce type d'attitude mentale dite positive ? Avec des fables idéomotrices qui sont l'exacte réplique adulte des histoires que vous racontaient vos parents quand vous étiez petits avant de vous endormir ou des rêves que vous vous racontiez le soir dans votre lit pour apaiser vos angoisses ou vos doutes. Le pouvoir d'influence de ce genre de fable tient à trois facteurs essentiels : la scansion poétique, le contenu adapté à votre quête et la manière de les dire. C'est ce dernier paramètre qui m'a motivé à les enregistrer sur cédérom [1] – dans un studio d'enregistrement professionnel – afin de vous permettre d'en profiter au cours de la lecture de ce livre. Je n'avais hélas pas les moyens d'engager un comédien pour me remplacer. J'ai fait ce que j'ai pu, pas ce que j'aurais voulu, mais le résultat reste potable. On fera mieux la prochaine fois.

Et si la PNG était la réponse existentielle que vous recherchez depuis toujours ?

Joseph Messinger

---

1. Vous pouvez télécharger cette fable sur le site www.joseph-messinger.fr.

Le lexique des quatrains idéomoteurs

Accouchement de soi
Je m'autorise à faire ce que je suis
À être ce que je fais
Pour exister enfin dans ma vie
Et ne plus être ce que je fuis (ou ne plus fuir ce que je suis)

Aimer
Je m'autorise à vivre ma vie
Et à cesser de me fuir
Pour être capable de séduire
L'homme qui aimera ce que je suis (la femme)

Antalgique
J'accepte de souffrir
Si cela me sert à guérir
Mais je refuse la douleur
Quand elle n'est qu'un leurre

Anti-stress

Je me précipite lentement au devant du stress
J'oppose de l'inertie quand on me presse
Je ne me laisse pas envahir
Par ceux (celui ou celle) qui tente(nt) de m'asservir

Anti-stress

Précipitez-vous lentement au devant du stress
Évitez de serrer les fesses
Quand des harceleurs vous agress'.
Opposez de l'inertie quand ils vous pressent.

Ou

Je me précipite lentement au devant du stress
J'évite de serrer les fesses
Quand un harceleur (ou untel) m'agresse
J'oppose de l'inertie quand il (elle) me presse.

Anxiolytique

Je m'autorise à chasser mes angoisses
Des angoisses qui me portent la poisse
Qui emprisonnent ma liberté d'agir
Pour enfin pouvoir m'accomplir

Chance

Ne confondez pas la chance et le hasard.
La première est une énergie,
Le second est une loterie
Qui pousse les joueurs au désespoir

Ou

Je ne confonds pas la chance et le hasard.
La première est une énergie,
Le second est une loterie
Qui me pousse au désespoir

Chance
« La chance récompense toujours l'effort
De celui qui ne mesure jamais la distance
Avant l'avoir franchie sans remord. »
Une strophe de 3 vers (tercet)

Confiance en soi
Je me tais et j'écoute
Et je cesse de parler de moi
Le silence écrase mes doutes
Et conforte ma confiance en Moi

Confiance en soi
Autorise-toi à croire en toi
Pour évacuer tes doutes.
Ce en quoi tu crois trace ta route,
Ce dont tu doutes n'existe pas.

Ou

Je m'autorise à croire en moi
Pour évacuer mes doutes
Ce en quoi je crois trace ma route
Ce dont je doute n'existe pas

Destin (maîtriser son)

Ce que tu possèdes déjà
L'aventure consiste à découvrir
Ce que tu en feras
Et ce que ton futur va devenir

Ou

Ce que je possède en vrai
L'aventure consiste à découvrir
Ce que bien sûr j'en ferai
Ou ce que mon futur va devenir

Estime de soi

Je me tais et j'écoute
Et je cesse de parler de moi
Le silence écrase mes doutes
Et conforte mon estime de soi

Fierté

Soyez fier de ce que vous faites
Et non imbu de ce que vous êtes !
Soyez coupable de ce que vous faites
Et non victime de ce que vous êtes

Ou

Je suis fier de ce que je fais
Et non imbu de ce que je suis !
Je suis coupable de ce que je fais
Et non victime de ce que je suis

Finir

« Ça ne vaut pas la peine de commencer
Ce que je ne finirai pas
Si je ne finis jamais ce que je commence. »

Vivre au présent

Je veux maîtriser mon quotidien
Et être enfin ce que je dois devenir
En cessant de me mentir
Pour évacuer mes faux besoins (mes envies)

Maigrir

Je m'autorise à être ce que je veux devenir
Pour porter les vêtements qui me plaisent
Afin de me sentir à l'aise
Et mon miroir de pouvoir me séduire

Mémoire

Je m'autorise à oublier ce que j'espère retenir
Pour enfin pouvoir retenir ce que j'oublie
Arriver spontanément à me souvenir
Sans gaspiller mes énergies

Pouvoir de persuasion

Je m'autorise à me taire
Pour ne plus me laisser distraire
Par mes pensées sous perfusion
Qui affaiblissent mon pouvoir de persuasion

Procrastination

Quand tu pen-ses, tu n'agis pas. (8 pieds)
C'que tu vas faire, tu le f'ras pas (8 pieds)

Ou

Quand je pen-se, je n'agis pas (8 pieds)
C'que je vais faire, je le f'rai pas (8 pieds)

Procrastination

Je m'interdis de mesurer la distance
Avant de l'avoir franchie
Quelles que soient vos exigences
C'est ici et maintenant que j'agis

Réalisme

Je ne suis plus en attente de magie
Mais en prise directe avec la réalité
Je ne gaspille plus mes énergies
À espérer qu'un miracle va me sauver

Réussir

Je m'autorise à réussir
Sans être obligé de me punir
En avortant au bout du « conte »
Et de l'échec, subir la honte

Succès à l'échec

J'ai toujours rêvé d'une réussite idyllique
D'une revanche sur un destin chaotique

Qui s'est souvent moqué de mes rêves
Or chaque fois que j'ai réussi, j'ai connu l'échec
Comme si chaque fois que j'échouais,
Je devais me taper pan sur le bec

Trop
Quand c'est trop, c'est jamais bien
Et quand c'est bien, c'est jamais trop !

Vous retrouverez plus d'une centaine de quatrains sur différents thèmes de développement personnel sur le site de l'École des gestes.

La fable du tricot

Version confiance en soi

« *Dans un premier temps, je vais vous demander de croiser les doigts et d'observer quel est le pouce qui domine quand vous reproduisez ce tricot des doigts ! Si c'est votre pouce gauche, vous appartenez à la grande très grande famille des affectifs. Si c'est le pouce droit, vous faites partie de la famille des cognitifs* [1].

---

1. Je vous renvoie à mon site www.joseph-messinger.fr pour plus de détails sur les profils psychogestuels. *La Grammaire des gestes* (Flammarion, 2010) est un ouvrage qui est consacré entièrement à ces profils.

Affectif ou cognitif ?

Chez les affectifs, l'émotion domine la raison. Chez les cognitifs, la raison domine l'émotion. Les premiers sont plus investis dans leur confiance en soi, les seconds sont plus investis dans leur estime de soi. La foi ou la reconnaissance.

Chaque main est la représentation symbolique de l'aire cérébrale inverse. Quand les doigts se croisent involontairement, l'objectif émotionnel du subconscient consiste à remettre les deux cortex (raison et émotion) en harmonie.

Imaginons que votre confiance en soi soit identifiée par la main droite et votre estime de soi, par la main gauche. Si les deux éléments qui représentent l'assise de votre personnalité sont en phase, vous serez réceptif à l'exercice auquel je vous invite à participer.

Condition *sine qua non* : Si vous tentez de contrôler les mouvements de votre corps en censurant mes suggestions, le test sera raté.

Pour avoir des chances de le réussir, vous devrez lâcher prise, comme on dit. Tout est une question de ressenti, donc de croyance ou de refus de croire en ce que les médecins nomment d'ailleurs l'effet placebo. Vous devez aussi vous méfier de la Providence qui ne récompense que les personnes qu'elle veut punir.

Le texte de l'induction

> *Je vous invite à fermer vos yeux complices*
> *tout en conservant vos doigts croisés*
> *au repos, bien détendus sur vos cuisses*
> *ou tout du moins sur un support dédicacé.*

La question à laquelle vous allez demander à votre corps de vous répondre est la suivante :

Est-ce que ma confiance en moi, représentée par ma main droite, est en harmonie avec mon estime de moi, représentée par ma main gauche ?

Le tricot digital va s'opérer
Vos mains prisonnières vont se souder
Pour que vos doigts entrelacés
Ne soient plus qu'un agglomérat
Jusqu'à ce que vous les ressentiez
Comme une sorte de magma.

Hélas, si votre confiance et votre estime de soi
Ne sont pas en harmonie ou marchent de guingois,
Si l'image que vous délivrez est un peu magique,
Si votre foi est frauduleuse ou fantasmatique
Ou le produit d'un désir hors la loi
Si vous n'êtes tout simplement pas motivé,
Par la conquête de cette foi en soi
Vos doigts se détacheront sans difficulté
Quand je vous proposerai de les décroiser.

Concentrez-vous bien sur votre foi, votre cible
En la visualisant de manière concrète
Ou en choisissant une version plus audible
À savoir une formule que vous mentalisez
Comme une prière qu'on se répète
Mais que vous utiliserez comme un refrain
Pour vous conserver dans le droit chemin

Je m'autorise à marcher droit devant,
Quitte à être le moins bon des meilleurs

À ne plus viser demain et ailleurs
Mais à vivre ici et maintenant

Vos doigts croisés en posture digitale,
Vont s'engourdir au fil du temps
Comme s'ils gonflaient virtuellement
Pour se cheviller l'un à l'autre au final.

Focalisez-vous sur votre Moi
Dirigez votre caméra mentale sur un cliché
Imprimé en filigrane de votre foi
Associée à un rêve que vous devez réaliser

Je m'autorise à marcher droit devant,
Quitte à être le moins bon des meilleurs
À ne plus viser demain et ailleurs
Mais à vivre ici et maintenant

L'issue de cet exercice idéomoteur
Dépend entièrement de votre capacité
À vous représenter la foi que vous visez
Si votre objectif compte pour du beurre
Votre corps restera aux abonnés absents
Et vous aurez satisfait vos préjugés
Est-ce vraiment ce que vous voulez ?
Vivre votre rêve dès à présent
Ou rêver de votre vie en zappant ?

L'objectif est en vue, heureusement !
On vous répond ! Votre correspondant est en ligne
On vous convoque pour un entretien ultime ;
Vous bossez dans un boîte dynamique qui bouge ;
Vous êtes reçu par un patron qui trépigne ;
Votre banquier vous déroule le tapis rouge ;

Des récompenses imaginaires
Qui sont symboliques de votre motivation
Si ce sentiment particulier sort de l'ordinaire
Et se marie avec ce que vous visualisez
Ou le quatrain que vous vous répétez,
Vous ressentirez au fil des exercices comme une chaleur
Au creux de vos paumes, qui sont les sièges du bonheur
Sachez que la sérénité peut chasser la peur.

Mais surtout,
vos doigts entrelacés finiront par se souder
comme si vous faisiez un nœud à vos souliers.

Je m'autorise à marcher droit devant,
Quitte à être le moins bon des meilleurs
À ne plus viser demain et ailleurs
Mais à vivre ici et maintenant

Gardez bien les yeux fermés !
Conservez vos paupières closes
Car c'est sur la suppression de la vision
Que repose l'efficacité des suggestions.

Je vais compter lentement de 1 jusqu'à 10.
À dix je vous demanderai d'essayer
De détacher vos doigts enclavés
Sans tester la fermeture oculaire
Si vous éprouvez des difficultés
C'est la confirmation en triple exemplaire
Que votre foi est entrée en communion
Elle résistera à toutes les frustrations.

Si vos doigts se libèrent sans difficulté,
Vous avez choisi le mauvais canasson
Scié la branche d'un arbre mal enraciné
Sur laquelle vous êtes assis à califourchon

Dans le jargon des psys, on appelle ça du sabotage
Un excellent moyen de mettre vos rêves en cage
Ou de soumettre votre foi à un double chantage.

Je m'autorise à marcher droit devant,
Quitte à être le moins bon des meilleurs
À ne plus viser demain et ailleurs
Mais à vivre ici et maintenant

Vous pouvez tester votre tricot en conservant toutefois les yeux clos :

1. Vous éprouvez une grande difficulté à décroiser les doigts.
2. Vous ressentez une gêne mais vous parvenez à les décroiser facilement.
3. Vous ne ressentez rien de particulier.

1. Votre foi en vous est primordiale
2. Votre confiance en soi manque de tonus.
3. Vous êtes à la fois réfractaire et totalement méfiant à l'égard de toute forme d'influence.

Le verrou de la botte

Il se pratique prioritairement avec le verrou oculaire !

La terre qui est sous vos pieds
Cette terre qui porte l'Humanité
Est conductrice d'une énergie cybernétique.

Croiser les jambes est une tactique
Qui vous en fait perdre la moitié
Littéralement, vous vous fermez la porte au nez

Nous allons donc y remédier
En programmant un verrou automatique
Qui vous mettra dans l'incapacité
D'annuler cette prise de terre cataleptique
Sauf bien sûr en cas de danger
Il ne s'agit évidemment pas d'un jeu
Mais d'un conditionnement psychotonique
Qui vous servira d'arbitre anxiolytique
Dans moult situations ou différents enjeux
Mais aussi quand il faut jouer un rôle
Et que vous devez réveiller votre Moi dynamique
Chaque posture est l'expression d'un symbole
D'une qualité que le verrou rend hyperbolique

Pour programmer ce verrou particulier
Je vais vous installer la phrase clef

Pour verrou de la botte :
je compte un ! Je compte deux ! Je compte trois (ter).

Mais attention ! Vous devez conserver les yeux fermés
Si vous ne maîtrisez pas le verrou oculaire
Le code universel d'accès à la PNG

Très vite, vous ressentirez une folle envie
Une envie de croiser les jambes ou les chevilles
Répétez votre clef d'induction assortie de son intitulé
Pour verrou de la botte : je compte un ! Je compte deux !
Je compte trois !
Tant que vos paupières resteront closes
Vos pieds demeureront ancrés dans le sol

Mais si votre motivation dégringole
Il faudra faire une pause
Et on s'y recolle

Restez à l'écoute de vos jambes
Et si vos pieds encore se décollent
À la fin de cette fable inductrice
Il faudra refaire un tour de piste
S'ils restent ancrés dans le sol
Vous aurez acquis le protocole

Dans différentes situations
De la vie courante à la professionnelle
Vos jambes vous avertiront
Vous signaleront une manipulation
Quand on essayera de vous influencer
Quand il y aura alerte au danger
Vos pieds s'enfonceront
Pour vous avertir d'une invasion
De votre territoire mental
Ou d'un défaut de protection
De vos défenses capitales
Mais tant que vos pieds resteront ancrés
Votre territoire mental sera protégé

Pour verrou de la botte :
je compte un ! Je compte deux ! Je compte trois (ter).

Cette clef va clouer vos pieds sur le sol
Restez à l'écoute de vos jambes
Et si vos pieds encore se décollent
À la fin de cette fable inductrice
Il faudra refaire un tour de piste
S'ils restent ancrés dans le sol
Vous avez acquis le protocole

Ce verrou est un baromètre ultra-sensible
En cas de manipulation ou de harcèlement moral
Le bas de votre corps devient un fusible
Un outil de vigilance qui manque à votre mental
Le verrou de la botte est un bouclier social
Vous êtes relié comme une prise à la terre
Ce qui dévie automatiquement la colère
Que vous pourriez ressentir
À l'égard de celui qui tente de vous subvertir

Pour verrou de la botte :
je compte un ! Je compte deux ! Je compte trois (ter).

Restez à l'écoute de vos jambes
Et si vos pieds encore se décollent
À la fin de cette fable inductrice
Il faudra refaire un tour de piste
S'ils restent ancrés dans le sol
Vous avez acquis le protocole
Vous pouvez enregistrer cette fable en boucle
Pour occuper votre Moi spirituel
Celui qui croit que la foi est vraie
Et que la pensée ensorcelle
En s'accrochant uniquement aux faits
Pour l'empêcher de croire en elle
Ce que vous croyez est vrai
Ce que vous voyez est souvent faux
Car l'apparence est une ivraie
Tandis que la foi est un cadeau

Pour verrou de la botte :
je compte un ! Je compte deux ! Je compte trois (ter).

Restez à l'écoute de vos jambes
Et si vos pieds encore se décollent

À la fin de cette fable inductrice
Il faudra refaire un tour de piste
S'ils restent ancrés dans le sol
Vous avez acquis le protocole

Références bibliographiques

Pour aller plus loin…

Ces gestes qui manipulent, ces mots qui influencent, du même auteur, First, 2006.
Ces gestes qui vous séduisent, du même auteur, First, 2004.

André Christophe, *L'Estime de soi*, Odile Jacob, 1999.
André Christophe, *Vivre heureux – Psychologie du bonheur*, Odile Jacob, 2004.
Auroux M., *L'Ambiguïté humaine*, Buchet/Chastel, 1995.
Cialdini R., *Influence et manipulation*, First, 2004.
Chertok L., *Hypnose et suggestion*, PUF, 1993.
Chomsky N., *Le Langage et la pensée*, Payot, 1990.
Critchley Mac D., *Language of Gesture*, Arnold London, 1970.
Cyrulnik Boris, *Un merveilleux malheur*, Odile Jacob, 1999.
Darwin C., *L'Expression des émotions chez l'homme et les animaux*, Rivage Poche, 2001.
Ekman P., *Origins, Usage and Coding of Non Verbal Behavior* (Étude du centre d'enquêtes sociales de Buenos aires, Argentine), 1969.
Fromm Erich, *Le Cœur de l'homme*, Payot, 2002.
Givens D.B., *Love Signals*, Crown, 2005.

Goleman D., *L'Intelligence émotionnelle*, Robert Laffont, 2003.

Hall E.T., *The Silent Language*, Doubleday, 1959.

Jung Carl G., *L'Homme à la découverte de son âme*, Payot, 1987.

Laborit H., *L'Inhibition de l'action*, Masson, 2000.

Lacote Daniel, *Le Pourquoi du comment*, Albin Michel, 2004.

Lebrun F., *Qu'est-ce que la suggestologie ?*, Privat, 1988.

Lerède J., *Les Troupeaux de l'aurore*, de Mortagne, 1990.

Masters W. and Johnson, *Human Sexual Response*, Churchill, 1966.

Mitchell M.E., *How to Read The Language of The Face*, Macmillan, 1968.

Morris D., *La Magie du corps*, Grasset, 1986.

Morris D., *La Clef des gestes*, Grasset, 1979.

Morris D., *Le Singe nu*, Grasset, 1971.

Packard V., *La Persuasion clandestine*, Calmann-Levy, 1958.

Pease A., *Body Language*, Sheldon Press, 1988.

Pease A. et B., *Pourquoi les hommes n'écoutent jamais rien et les femmes ne savent pas lire les cartes routières*, First, 1999.

Pease A. et B., *Pourquoi les hommes mentent et les femmes pleurent*, First, 2002.

Servan-Schreiber D., *Guérir le stress, l'anxiété et la dépression sans médicaments ni psychanalyse*, Robert Laffont, 2003.

Sirim, *Alors survient la maladie*, Empirika, 1983.

Smith A., *Les Cosmonautes de l'inconscient*, Robert Laffont, 1976.

Souzenelle A. de, *Le Symbolisme du corps humain*, Albin Michel, 2000.

Vincent J.-D., *Le Cœur des autres*, Plon, 2005.

Bibliographie des auteurs

Aux Éditions First

Ces Gestes qui séduisent (2004).
Les Gestes du succès, les mots de la réussite (2004).
Le Langage psy du corps (2004).
Ces Objets qui vous trahissent (2005).
Le Décodeur gestuel (2006).
*Les Gestes qui manipulent, les mots qui influencent,
    2ᵉ édition* (2006).
Le Sens caché des gestes, 2ᵉ édition (2007).
*Ces gestes qui font la différence/Ces mots qui font la diffé-
    rence* (2010).
Le Sexe des gestes (novembre 2007).
Ces gestes qui vous trahissent, 5ᵉ édition (2008).
Le Petit Profileur gestuel (2009).
Le Langage des gestes pour les Nuls (2009).
Les Gestes anti-stress (2010).
Les Gestes de la manipulation (2010).

Aux Éditions Flammarion

Ne leur dites jamais – Parler à ses enfants ça s'apprend
    (2005).

Les mots qui polluent, les mots qui guérissent (2005).
La Grammaire des gestes (2006).
Les Gestes des politiques (2006).
Dis maman, pourquoi pas on peut pas dire merde ? (2007).
   Ne leur dites jamais – Parler à ses ados, ça s'apprend (2008).
Entre mères et filles – Les mots qui tuent (2009).
Le Dico illustré des gestes (2009).
Ces gestes qui vous changeront la vie (2010).

Aux Éditions Pocket

Ces gestes qui vous séduisent (2006).
Les mots qui manipulent, les mots qui influencent (2007).
Les Gestes prédictifs (2008).
Le Sens caché de vos gestes (2010).

Aux Éditions du Rocher

La Sarko-attitude, Calvi & J. Messinger (2008).

Aux Éditions J'ai Lu

Ne leur dites jamais (2007).
Les mots qui polluent, les mots qui guérissent (2007).
La Grammaire des gestes (2008).
Ne leur dites jamais – spécial ados (2009).
Le Langage psy du corps (2010).
Dis maman, pourquoi on peut pas dire merde ? (2010).
Les Gestes du succès, les mots de la réussite (2004).

Composé par Facompo
à Lisieux, Calvados

Imprimé en France par

BUSSIÈRE

à Saint-Amand-Montrond (Cher)
en février 2014

POCKET – 12, avenue d'Italie – 75627 Paris Cedex 13

N° d'impression : 2007701
Dépôt légal : octobre 2013
Suite du premier tirage : février 2014
S22235/02